国家自然科学基金项目(42071428,42071343)资助
辽宁工程技术大学鄂尔多斯研究院校地科技合作培育项目(YJY-XD-2024-B-006)资助

实景模型和BIM融合的智慧城市关键问题研究

任东风　安　浩　王飞跃　著

中国矿业大学出版社
·徐州·

内 容 提 要

本书讲述了作者近年来在阜新市实景模型和 BIM 融合的智慧城市关键技术方面的研究成果。通过 SuperMap 二次开发,将 BIM 管线数据、三维实景模型等多源数据集成为地图场景和球面场景,最终建立一个室内室外建筑一体化、地上地下三维管网可视化的具有良好交互性和实时性的阜新市 3DGIS 平台,将二维系统与三维系统相结合,实现了二、三维场景浏览,信息查询,量算,二、三维联动,资产设备分组查询管理以及爆管分析、缓冲区分析、救援分析等二、三维分析功能。成果充分展示了阜新市真实的三维城市整体模型,为城市规划建设、应急救援和科学管理提供分析与可视化展示平台,为数字城市的建设提供借鉴价值。

本书可供测绘地理信息系统方向相关专业学生和从事智慧城市研究的科研人员参考使用。

图书在版编目(C I P)数据

实景模型和 BIM 融合的智慧城市关键问题研究 / 任东风,安浩,王飞跃著. — 徐州 : 中国矿业大学出版社, 2024. 7. — ISBN 978-7-5646-6322-3

Ⅰ. F291

中国国家版本馆 CIP 数据核字第 20243MY496 号

书　　名	**实景模型和 BIM 融合的智慧城市关键问题研究**
著　　者	任东风　安　浩　王飞跃
责任编辑	杨　洋
出版发行	中国矿业大学出版社有限责任公司
	(江苏省徐州市解放南路　邮编 221008)
营销热线	(0516)83885370　83884103
出版服务	(0516)83995789　83884920
网　　址	http://www.cumtp.com　E-mail:cumtpvip@cumtp.com
印　　刷	江苏淮阴新华印务有限公司
开　　本	787 mm×1092 mm　1/16　**印张** 9.75　**字数** 250 千字
版次印次	2024 年 7 月第 1 版　2024 年 7 月第 1 次印刷
定　　价	58.00 元

(图书出现印装质量问题,本社负责调换)

前　言

随着航空航天技术、对地观测技术、计算机技术、网络及通信技术的飞速发展，地理信息系统成为国民经济建设、国防建设、社会建设和生态文明建设的重要基础。在支持国民经济持续稳定发展、重大自然灾害防治与预警、地矿资源调查与大型工程建设、天气预报与气候预测、海洋监测与海洋开发等国家重大需求方面，测绘工作的基础性地位更加稳固，先导作用愈加突出。本书是一本关于智慧城市建设理论和实践指南的著作，旨在为智慧城市建设从业人员、学者和相关研究人员提供全面深入的指导和参考。

本书基于我们多年的实践经验和研究成果，结合了国内外智慧城市建设领域的最新理论和技术，涵盖了从基础知识到实际应用全过程。我们撰写本书的初衷是弥补智慧城市建设领域的空白和不足，提供一本系统、全面、深入浅出的著作，为广大读者提供有用的知识和技能。本书主要介绍了智慧城市建设的基础理论、技术手段、实践案例、管理机制等，旨在帮助读者全面深入地理解和掌握智慧城市建设的核心内容和要点。本书的特点是理论与实践相结合，具有极高的实用性和指导性。每一章节都以实例为基础，采用理论结合实践的方式，既讲解了相关的理论知识，又给出了具体的实践案例，方便读者进行实际操作和应用。

本书具有较强的创新性、实用性和可操作性，可作为专题地理信息系统专业领域学生提升学术思维和开展学术研究的参考用书，对于从事智慧城市建设和地理信息系统研究教学、科研、生产、管理的专业人员也有一定的参考价值。

本书由辽宁工程技术大学任东风、安浩、王飞跃撰写完成。在撰写本书过程中，阅读了大量智慧城市建设以及三维实景模型与 BIM 融合方面的最新研究成果，参考了一些相关的专著和学术论文，吸收和借鉴了相关作者的研究成果和学术精华，得到了有关专家的指导和帮助，在此深表感激和敬意。

著者

2023 年 6 月

目 录

1 绪 论

1.1 研究背景及意义

1.1.1 研究背景

近年来,随着实景模型和建筑 BIM 模型结合的蓬勃发展,其广泛应用于城市相关领域,如管理、分析和仿真。大范围、高精度的三维城市模型需要使用多种数据源融合创建,而基于实景模型和 BIM 融合的城市平台构建成为当今城市治理能力现代化的重要体现。通过 BIM 与 GIS 的融合,使微观建筑模型应用于宏观三维实景模型,不但可以进行三维可视化及各类交互操作,扩展了 BIM 的适用范围,而且向 GIS 领域注入新技术,从而带来不同的机遇与挑战。构建城市 3D GIS 平台,实现数字城市与现实城市同步规划、同步建设,适度超前布局[1],各类地理信息数据结合于同一平台,成为统筹、管理、运营的城市信息管理中枢。

实施城市实景模型和建筑 BIM 模型融合的 3DGIS 平台建设,是新时代信息化城市建设的必然要求,是构建"智慧城市"地理空间基础框架的基石,是实现政府各部门资料共建共享的基础,是服务公众和经济社会发展的重要平台,有助于城市的科学规划、妥善管理、应急救援以及城市可持续发展。基于实景模型和 BIM 融合的 3DGIS 平台构建的核心是反映现实中城市的建设发展及变化分析,在虚拟三维空间中,以数字化形式进行展示,不仅可以帮助用户直观地了解城市发展变迁过程中所出现的各类情况,提前做好相应的方案,还能够使整个规划的效果更加直观准确,有助于发现规划中存在的冲突矛盾和问题,而且对城市资源的物流配送、规划选址、交通出行、地下管网管理和爆管分析等方面的应用提供科学指导。

因此,亟须研究并构建一个基于实景模型和 BIM 融合的 3DGIS 平台,实现城市大范围的实景模型、建筑物模型及室内外管线精细模型的构建,并将这些多源数据共同用于构建三维场景,同时实现二、三维空间地理信息数据的一体化,便于进行二维数据分析和三维空间分析等城市分析研究。建立健全大数据地理信息管理体系,打造城市实景模型和 BIM 融合的 3DGIS 平台,为智慧城市建设提供指导。

1.1.2 研究意义

目前各类城市 GIS 平台存在以下问题:

(1)由于现存资料多数为纸质文档、二维矢量数据、图片等形式,无法实现资源共享,且内容陈旧、更新不及时,导致数据无法多次使用。

(2)城市 GIS 平台研究内容不太全面,过多注重地上场景模型或地下管网模型,地上构筑物、建筑物与地下管网单独研究,缺乏二者空间位置统筹性研究。建筑内部管网的分布与地下管线的位置不明晰,无法实现地上地下空间一体化浏览,为后续规划分析带来问题。

（3）当前大部分系统为二维或三维单独进行开发,二、三维 GIS 平台割裂,二者缺乏有机结合。

本书以构建室内室外建筑一体化、地上地下管网一体化的阜新市城市 3DGIS 平台为目标,利用倾斜摄影实景模型和 BIM 模型进行深度融合,并对模型进行单体化分割,结合室内外管线一体化,在 SuperMap 平台上进行阜新市城市三维可视化融合构建与研究。同时,以 SuperMap iObjects. NET 10i 组件为开发平台,将二维地图场景与三维球面场景放置在同一系统中,便于进行各类二、三维分析与查询。以此作为数字引擎,使各类城市地理信息数据管理科学、表达清晰、分析严谨,从而驱动城市的建设与发展。

1.2 国内外研究现状

1.2.1 3DGIS 国内外研究现状

（1）3DGIS 国外研究现状

国外科研人员对 3DGIS 进行了大量的研究,使其广泛应用于多个领域。2017 年,瑞典学者 P. Martina[2] 通过激光扫描和摄影测量数字化获得瑞典隆德大教堂数据集。该建筑物数据集类型繁杂且数量庞大,将各种数据集（来自挖掘、墙壁分析、georadar 等）及其相关元数据导入 ArcGIS 软件,并链接到教堂的几何精确三维模型,将所有信息放置在正确的空间位置。通过系统的灵活性和多功能性,信息可以随意显示和查询,也可以不断更新,在同一空间中查看的数据可以一起显示,从而对可用的材料进行独特的整体监督,极大地方便了材料解读,为建筑考古研究提供贯穿整个历史的重要数据资源。

2018 年,英国学者 S. Gupta 等[3] 对印度古吉拉特邦的三级城市 Mehmedabad 进行城市规划研究,利用二维和三维 GIS 相结合的方法构建城市地理信息系统,提出了 2031 年城市发展规划,系统对供水需求、污水排放和道路网分析,以建立健全的发展控制条例,以提升城市现有基础设施运行效率。同年,西班牙学者 D. Navas-Carrillo 等[4] 对西班牙安达卢西亚进行城市管理与区域规划研究,通过分析该城市的发展相关数据,通过城市指标对其进行描述,使用三维地理信息系统不仅可以有效地记录和图形化表示由定量和定性分析所产生的大量数据,还可以使用三维模型对这些数据进行建模,以便在所研究的城市之间进行交叉分析,对于城市的发展及演变意义重大。

2020 年,美国研究人员 D. Laksono 等[5] 通过对激光雷达数据获取点云生成三维城市模型进行分析研究,提出利用结构自运动（SFM）方法从无人机数据中获取点云。与激光雷达相比,使用 SFM 生成点云价格便宜,生产时间较短。将上述点云生成的三维模型,结合游戏引擎 unity3d 作为可视化平台,最终实现三维城市模型的生成。E. G. Macatulad 等[6] 利用 GAMA 仿真平台集成了 3DGIS 层和基于智能体的疏散场景进行建模,构建基于三维地理信息系统的多智能体地理仿真模型。在该模型中,案例所研究建筑的 3DGIS 层被用作输入,通过模拟人员疏散查询最短路径,模拟结果说明仅以最短路径为基础来指定出口的局限性,并表明了解沿室内路径的疏散人数有助于缩短疏散时间。

（2）3DGIS 国内研究现状

国内 3DGIS 研究起步较晚,但是发展迅猛,3DGIS 在城市科学化管理、资源环境利用、应急救援等方面的应用方兴未艾。2018 年,H. Tang 等[7]构建了一个集成二维 GIS 和三维 GIS 的虚拟城市系统。在此基础上研究并实现了二维 GIS 与三维 GIS 的可视化交互,并提出基于参数假设的交互式算法,当用户在 2DGIS 或 3DGIS 中操作一个视点时,其他视点会同步移动到相同的区域和角度。通过三种不同的视图对比,验证了算法的正确性,结果表明该同步算法能够适应各种用户操作,具有可行性和准确性。

2019 年,W. T. Chen 等[8]以某城市石化企业为例,开发了一个基于 3DGIS 的 UMHI 管理决策支持工具。通过建立 UMHI 管理方法,将其用于实时风险预警和后果评估。然后将这些方法集成到 3DGIS 工具中,成功地模拟了事故现场的虚拟环境,实时评估了风险和事故后果,并将分析结果以三维可视化的形式生动地显示出来。应用结果表明:该方法具有高效、实时、沉浸感强的特点,可为城市防灾、应急和安全规划提供决策支持。

2020 年,R. Ma 等[9]通过全面分析校园地下管线系统建设的技术要点,采用三维地理信息可视化方法构建了兰州大学地下管线系统,满足了 PC、Web、移动终端等多客户端的接入,更好地服务于对校园地下管线的管理。

1.2.2 BIM 和 GIS 融合国内外研究现状

(1) BIM 和 GIS 融合国外研究现状

BIM 与 GIS 分属不同领域,BIM 提供微观建筑信息,GIS 提供宏观地理信息数据,通过二者融合,极大地扩展了 GIS 的应用领域。2017 年,M. Breunig 等[10]将建筑信息 BIM 模型和 3DGIS 结合起来,提出了协同规划与仿真的新方法,包括开发协同平台和三维多尺度建模,以改进地铁轨道和其他基础设施的数字三维规划,以此期望为建设 BIM 信息模型和三维 GIS 融合提供方案指导,并应用于未来的数字城市建设。

2018 年,P. C. Lee 等[11]以综合管廊工程为例,提出一个建筑信息模型 BIM 与地理信息系统 GIS 的集成系统,以提高现有维修管理系统的性能。提出了 BIM 和 3DGIS 融合的系统框架,并根据实际情况和需要研究开发了维修和管理功能。同年,G. Vacca 等[12]对于卡利亚里东郊住宅建筑物,将建筑信息建模 BIM 和三维地理信息系统 3DGIS 融合在住宅建筑全生命周期方面进行综合运用,实现了设计阶段和施工阶段对建筑物现状的信息获取与管理,以及竣工后对社区住宅的规划、维修、管理。

2019 年,英国学者 A. Chenaux 等[13]将 BIM 与 GIS 集成,基于 Web 的交互式 3D 模型,创建虚拟历史都柏林城市,3DGIS 可以定义和描述建筑物和城乡中心与其几何拓扑、语义和可视化特性的关系,通过属性信息允许进行复杂的分析和三维空间查询来模拟城市和城市元素。目的是利用历史建筑信息模型来促进对历史基础设施和结构的保护及对教育和文化旅游知识的传播。

2019 年,S. W. Trisyanti 等[14]以万隆科技学院校园和沙洋村为研究对象,创建了一个可用于资产和设施管理的开源 Web 应用程序。该程序可以显示三维 GIS 和 BIM 数据,将三维城市数据库与 Web 应用集成,利用测绘成果和现有建筑图纸建立三维 GIS 模型。该程序不但可以存储建筑和城市数据,而且可以实现三维模型可视化,并使用它在定制的开源 Web 应用程序中进行空间分析。

(2) BIM 和 GIS 融合国内研究现状

国内 BIM 和 GIS 融合的领域蓬勃发展，正被广泛应用于与城市相关的各个领域。2018年，郭瑞阳[15]以西安科技大学校区为研究对象，通过用 Revit 构建某教学楼 BIM 模型，经过几何属性格式转换、坐标转换等操作，与 3DGIS 相融合。基于 SuperMap 进行二次开发，实现了数字校园三维可视化和建筑物内部设施科学管理。

刘万斌[16]以某公司办公楼 BIM 模型为例，利用 SuperMap 插件实现数据互通，并结合 GIS 实现宏观管理，利用 SuperMap iObjects. NET 开发了建筑信息管理系统，不但实现了三维基础功能，而且模拟了火灾等危急情况下逃生路线的规划等。

1.3　主要研究内容

从阜新市城市规划与管理的实际需求出发，本书利用阜新市主城区三维实景模型、居民地矢量图、数字正射影像、管网数据等二、三维地理信息数据，利用 CAD 图纸构建精细 BIM 模型，通过倾斜摄影测量技术、数据库技术、Revit 三维仿真技术、BIM 和 GIS 融合技术等的应用，基于 SuperMap GIS 桌面平台 iDesktop 10i 软件搭建地图场景和球面场景。

场景搭建完成后，利用 C 语言对 SuperMap iObjects. NET 10i 组件进行二次开发，以 SuperMap SDX＋为空间数据库，结合 SQL Server 属性数据库的设计与访问，通过对多源的二、三维地理信息数据进行整合，最终实现基于实景模型和 BIM 融合的室内外一体化的阜新市 3DGIS 平台的构建，系统不但实现了二、三维可视化平台的展示，而且集二、三维分析功能于一体，从而可对建筑物内外数据进行深入研究与分析。按照"实景模型和 BIM 融合的 3DGIS 构建关键问题"研究主题，形成了"数据-融合-应用"的研究路线，对以下几个方面内容进行研究：

（1）系统功能分析。通过参考国内外关于 3DGIS 构建平台（系统）的相关科研技术，以及对阜新市科学管理、城市规划、应急救援等实际工作进行调研，发现由于各单位、各部门的应用需求不同，已有的数据多数为某一个方向的单一地理信息数据，存储为电子版或纸质版，并且存在无法实现信息共享等问题。同时，管网数据无法实现建筑物内部管线及地下管网系统的连通可视化，存在缺乏利用精细的实景三维环境来了解城市综合规划管理、地下管网情况、建筑物内部几何信息及属性等问题。针对上述问题，本书实现了基于实景模型和 BIM 融合的二、三维一体化的地理信息数据管理、集成、分析的 SuperMap GIS 的解决方案。

（2）二、三维地理信息数据采集与处理。利用飞马 D2000 多旋翼智能航测系统进行低空倾斜摄影，采集阜新市的正射影像数据和倾斜影像数据；利用 GNSS 接收机 iRTK 智能 RTK 系统和配套数据采集软件 Hi-Survey Road 完成地面相片控制点测量工作；利用 EPS 软件使用立体测图法绘制比例尺为 1∶500 的数字线划图；利用 Revit 软件进行 BIM 模型和室内管线的构建；利用 Capture Contex Center 软件生成 OSGB 格式的实景三维模型并单体化分割。

（3）数据库设计与实现。将二、三维地理信息数据，包括居民地数字线划图、阜新市数字正射影像图、主城区实景三维模型、道路矢量数据、BIM 模型等，按照 SuperMap GIS 数据类型要求进行参数设置、类型转换、数据编辑、数据入库，生成地理信息数据集。阜新市居民地建筑物信息及单元住户属性数据采用 SQL Server 2010 个人地理数据库进行高效存储和管理。

（4）构建并研究阜新市 3DGIS 平台。在 SuperMap iDesktop 10i 中利用 SDX＋空间数据引擎对统一空间坐标系统的多源地理信息数据进行存储管理,利用 SuperMap iObjects. NET 10i 组件快速构建阜新市 3DGIS 平台框架。系统拥有地图及球面场景管理和二、三维数据分析功能,针对地图场景可进行地图编辑、地图量算、地图输出、网络分析等。针对三维球面场景可实现属性查询,自定义飞行浏览,空间测量,二、三维联动等功能,基于三维管网可以进行爆管分析,基于 BIM 模型可以实现模型内部浏览与构建查询,基于三维建筑物有天际线分析、视域分析、紧急救援分析、缓冲区分析等功能,实现对二、三维地理信息数据的展示、更新和管理,充分展示三维平台视觉效果,建立形象的、直观的三维城市仿真场景,实现对二、三维地理信息数据的访问,使城市规划管理更加科学、高效、合理。

2　理论基础与关键技术

2.1　倾斜摄影测量技术

2.1.1　倾斜摄影测量的基本原理

倾斜摄影技术全称为机载多角度倾斜摄影测量技术,主要包括倾斜影像数据获取技术和倾斜影像数据处理技术[18-19]。倾斜影像数据采集是在同一个飞行平台上搭载多个传感器,获取测区多角度的图像数据。倾斜影像数据处理技术是利用计算机视觉原理自动识别匹配同名点,生成三维密集点云,构建不规则三角网(TIN),结合 POS 数据和地面控制点重构三维模型[20]。

倾斜摄影几何原理如图 2-1 所示,a 为相机倾斜角度,b 为相机可视角度,h 为飞行高度,D 为无人机与影像中对应地物的最大水平距离,d 为无人机与影像中对应地物的最小水平距离。相关公式为:

$$\begin{cases} D = h\tan(a+b) \\ d = h\tan(a-b) \end{cases} \tag{2-1}$$

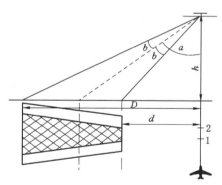

图 2-1　倾斜摄影几何原理图示

摄影瞬时多视影像最小摄影比例尺 $m_{\min}$ 和最大比例尺 $m_{\max}$ 为:

$$\begin{cases} m_{\min} = \dfrac{h\cos b}{f\cos(a-b)} \\ m_{\max} = \dfrac{h\cos b}{f\cos(a+b)} \end{cases} \tag{2-2}$$

摄影瞬时多视影像中心至无人机的水平距离 D_{avg} 和拍照瞬时平均摄影比例尺 m_{avg} 的

公式为：

$$D_{\text{avg}} = D - d = h\tan(a+b) - h\tan(b-a) \tag{2-3}$$

$$m_{\text{avg}} = \frac{h}{f\cos a} \tag{2-4}$$

2.1.2 倾斜摄影测量的优势

倾斜摄影测量的优势如下：

（1）无人机设备相比传统有人航摄飞机更加灵活、高效、经济，以无人机作为航摄平台能够快速便捷地获取影像。

（2）侧方相机能够直接获取建筑物、树木等实体地物的纹理信息，不需人工逐个粘贴，从根本上丰富了原始影像数据信息，提高建模效率。

（3）用其获取的数据生成的三维模型数据量较小，可直接进行测量和网络传输共享，且模型不仅是一个空间模型，还包含大量的地理数据和空间数据，拓展了倾斜摄影技术在行业中的应用。

2.2 三维建模方法

构建大面积的城市三维实景模型是阜新市 3DGIS 系统建设的重要组成部分，作为三维场景的重要展示基础，采用传统方式进行三维建模存在成本高、速度慢、更新困难等缺点，难以满足大批量三维模型的生产需求。当前，围绕三维建模的实验研究取得了阶段性的发展，如何做到方便快捷地建立精准的三维模型已成为三维实景建模方法研究的核心内容。现阶段主流的三维建模方法有以下几种。

（1）基于遥感影像与 DEM 的三维建模

该方法利用高清遥感影像作为纹理，映射到数字高程模型（DEM）上生成三维地形图，从而快速生成具有真实纹理的立体三维地形。利用遥感影像灰度值、真彩纹理和其他信息特征与 DEM 对三维地貌进行模拟，将遥感影像经过处理后与数字高程模型数据相结合，采用相对优化算法写入程序，进行三维地形模拟。白模由遥感影像提取建筑物外轮廓线，结合实际建筑高度构成。最后，通过建筑白膜和三维地形叠加建成三维模型，技术流程如图 2-2 所示。

DEM 数据可直接下载，或利用 ArcGIS、MapInfo 等 GIS 软件，依据大比例尺地形图的高程点、等高线生成。由于城市所具有的建筑物、构筑物种类很多以及地表凹凸不平等特点，普通纹理无法表达真实的地表模型，因此需要结合遥感影像对三维地形进行准确、真实模拟。根据实际需求对遥感影像进行预处理，获得高精度的遥感影像，不但减小几何和辐射变形，而且扩展了影像的信息量，提高了图像识别率，增强了三维地形的真实感。遥感影像可以准确描述现实世界中的真实地形地貌，同时具有更新速度快和图像信息丰富等优点，但是由于其为地形投影，存在对于建筑物、构筑物等实体不能三维展示，并且无法进行地理信息数据查询和空间分析等缺点，因此需采用遥感影像和 DEM 数据叠加生成三维模型，方便、精准地模拟地形地貌及其三维实体。

由于受到像素分辨率的制约，遥感影像对大面积区域详尽的地理信息数据的表达有

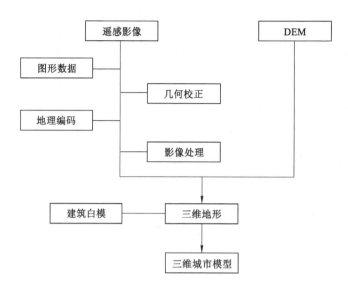

图 2-2　遥感影像结合 DEM 建模技术路线

待提高。同时,DEM 与遥感影像叠加生成大量数据,计算机处理数据费时费力,而对于三维可视化的精度需求与日俱增,导致构建三维模型高效率与高精度的需求矛盾凸显。

（2）基于摄影测量的三维建模

它是通过在某飞行平台上搭载多台传感器,对某测区获取多角度、高重叠度的影像数据,然后利用计算机视觉原理自动识别匹配同名点,生成三维密集点云,构建不规则三角网（TIN）,结合 POS 数据和地面控制点重构三维模型[20]。倾斜影像重叠度高、偏角大、基高比小,这些问题给影像匹配、定向与空中三角测量（简称空三）等带来一系列挑战[21]。此外,摄影测量数据通过不同软件处理还生产点云、DEM、DLG 等地理信息产品。技术路线如图 2-3 所示。

（3）机载 LiDAR 与倾斜摄影测量建模

机载 LiDAR 是由激光测距技术、全球定位系统（Global Position System,GPS）、惯性导航测量系统（Inertial Measurement Unit,IMU）组成的空间测量技术。由无人机作为飞行平台,分别获得差分 GPS 数据、IMU 数据、激光扫描测距数据,用于联合计算和点云数据生成。利用点云特征构建地物轮廓,得到白模,结合倾斜摄影测量技术提取表面纹理特征并进行纹理映射,获取三维实景模型。该方法具有以下特点:适用于大面积测区,精确模拟真实地形,更新周期短;包含大量的空间数据和不同角度影像数据,三维模型精度高。该建模方法的技术流程如图 2-4 所示。

（4）三维建模方法对比

三维建模方式各有优劣,考虑到三维实体的复杂性以及应用领域的多样性,可以根据测区的实际需求精度和数据选择最优方案。对以上建模方法进行比较分析,各自的优缺点见表 2-1。

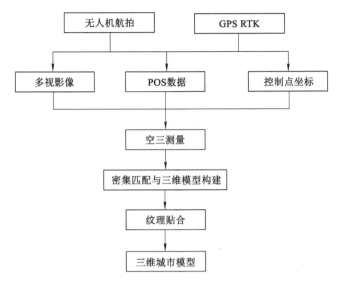

图 2-3 倾斜摄影测量三维建模路线

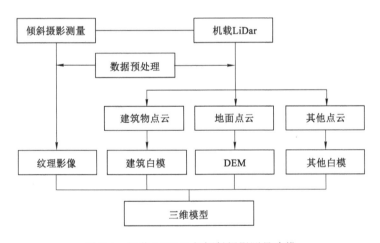

图 2-4 机载 LiDAR 与倾斜摄影测量建模

表 2-1 常用三维建模方法对比

建模方法	基于遥感影像与 DEM 的三维建模	机载 LiDAR 与倾斜摄影测量建模	基于摄影测量的三维建模
技术	遥感影像预处理,DEM 获取与处理技术成熟	数据源丰富,模型精度高,大量数据处理困难	技术成熟,建模中人工干预少,能快速获取建模对象的三维信息,模型精度高
现势性	现势性一般	现势性较好	现势性较好,易更新
经济效益	遥感影像丰富,获取快捷,成本较低	设备价格较高,成本较高	相应硬件、软件价格较高,成本较高,但是前景广阔

表 2-1（续）

建模方法	基于遥感影像与 DEM 的三维建模	机载 LiDAR 与倾斜摄影测量建模	基于摄影测量的三维建模
存在问题	遥感图像处理精度较低，受分辨率限制	点云数据量过大，点云数据人为分类，精度受影响	地物遮挡对影像产生较大影响，可以后期补拍

大范围的城市三维模型作为 3DGIS 空间数据的重要基础，包含多种多样的其他个体模型，实景模型的精度和质量不但制约空间分析的结果，而且影响实景景观视觉效果。因此，如何快速、高效、高质量、高精度地构建三维实景模型，是阜新市 3DGIS 平台构建研究的首要任务。通过对以上各类建模方式的分析比较，根据阜新市三维实景模型的精度要求和基于实景模型和 BIM 融合的 3DGIS 平台的实际情况，选择使用倾斜摄影测量进行三维实景建模，模型要素全面且细节丰富，有利于后续实景模型和 BIM 的融合。

2.3 BIM 技术理论

2.3.1 BIM 概念与特征

BIM 为建筑信息模型（Building Information Modeling），在 2002 年由 Autodesk 公司推出。之后主流 BIM 软件 Autodesk Revit 被开发，使 BIM 从一种理论变成数据化的工具和方法[22]。

BIM 是建筑技术与核心业务的信息化，利用数字表达建筑物的物理和功能特性，提供了信息共享支持建筑的整个生命周期的完成，减少项目的时间和成本，提高建筑物的价值[23]。它能将建筑物三维数字化模拟还原，并包含详细的内部空间几何及功能语义信息[24]，作为一个集成工具，使不同专业的信息集成于同一个平台，通过 BIM 与 GIS 的集成与融合对未来建筑物的精细化发展起到重要作用，推动了建筑物室内外一体化管理的发展。BIM 主要有以下特性：

（1）可视化性。BIM 通过可视化将建筑设计模型和建筑数据都以三维实物的形式表现，对于建筑行业来说意义非凡。传统建筑行业依据图纸进行建造，近年来由于新兴建筑物结构复杂多变，根据图纸进行建造难度较大，且对建筑效果难以直观判断，而 BIM 的可视化特性不仅可以用来展示建筑设计的效果图，还贯穿建筑的全生命周期。

（2）协调性。以往在施工中出现问题时，需召集各类建筑设计师、施工方等多个单位一起讨论解决方案，既耗时又耗力。利用 BIM 能实现不同专业之间信息共享，优化设计方案，提高工作效率。

（3）完整性。BIM 模型涵盖从设计、施工到后期运营的全生命周期，包含建筑工程全部的几何语义信息和属性信息，有利于各类专业人员在工程各个阶段查寻、更改项目信息，及时调节设计和施工中存在的问题，减少不必要的信息缺失。

（4）优化性。BIM 可以在工程各个阶段提供优化方案，例如设计方案优化、施工方案优化等，有利于优化建设工期和节约建设成本。此外，BIM 可模拟各类实验，如日照分析、紧急避险模拟、阴影分析等。

2.3.2　基于 IFC 的 BIM 数据定义

IFC(Industry Foundation Class)是用于定义统一建筑信息的可扩展的数据格式,有利于在建筑、工程及各类软件之间进行交互[25]。1997 年,国际协同联盟制定了 IFC 数据模型标准,涵盖工程建设全生命周期各专业全部的信息交互所需的数据定义,通过 IFC 存储各类语义信息,如建筑材质、进度表信息、建筑构件的成本、施工单位等,方便各专业在不同软件间数据共享。

在 BIM 平台系列软件中,构建建筑 BIM 模型,使全生命周期的属性信息和几何语义信息等数据记录在某个数据库中,以 IFC 标准为依据,实现各部门信息的共享与交互。IFC 标准整体的信息分为资源层、核心层、共享层、领域层[26],且各层次涵盖多个模块。由于 IFC 本身具有面向对象的特性,IFC 的实体数据可以通过继承各个层次资源获得,以满足建筑工程各个时期和领域的使用需求[27]。

(1)资源层:包括基础信息实体与类型,如几何资源、属性资源等。资源层无法独立存在,只能被其他三层引用[28]。

(2)核心层:详细定义了信息模型,如基本架构、基础关系、共用概念等。

(3)共享层:提供共享对象,包括组件元素、设备元素、建筑元素等,为领域层多个领域所共享[29]。

(4)领域层:为各领域定义所需的实体模型,如消防栓、各类管道接口、电气设备等。

IFC 数据标准为 BIM 在各类平台之间数据交换和交互共享提供了媒介,拓展了 BIM 的应用领域,为 BIM 技术与 GIS 技术的融合提供了技术支持。

2.3.3　BIM 平台建模分析

通常使用三维建模生产实景模型的主要目的是进行大范围、高精度的三维展示,并进行相关属性信息查询,以及对模型表面进行空间分析等,但是不能对建筑物内部进行具体、全面的属性信息查询和空间分析,而 BIM 平台建模恰好弥补了这个缺陷。目前常用的 BIM 建模软件有 3ds Max、Revit、SketchUp、AutoCAD 等,其优缺点见表 2-2。

表 2-2　常用 BIM 建模软件对比

BIM 建模软件	3ds Max	Revit	SketchUp	AutoCAD
模型精度	建模精细化程度高,可以单体和实体建模,适用于大场景建设	建模精细化程度高,将建筑和信息结合	建模精度较低,出图质量不高	尺寸精准,效率较高
兼容性	较强	一般,不支持其他格式导入,但可以导出多种格式	强	较强,可进行插件二次开发
建模方式	复杂	较复杂	简单,可任意解剖模型	简单,只有点线面,曲面缺失,实体模型不完善,只适用于规则模型
模型渲染	自带渲染器	自带渲染器	无渲染器	无渲染器
建模时长	较长	较长	较短	较短

表2-2（续）

BIM 建模软件	3ds Max	Revit	SketchUp	AutoCAD
协同性	无	有	无	无
模型信息	无属性信息	几何属性信息	少量属性信息	少量属性信息

通过对比可见：Revit 不仅在建模方式、协同性、模型精准度等方面具有优势，最重要的是在搭建模型过程中加入了建筑各类属性信息，可以为工程预算提供参考。此外，Revit 具有良好的协同性，修改某一部件属性后其他部件也随之更新，能提高建模效率，减少错误。所以，最终选择 Revit 进行 BIM 建模。基于实景模型和 BIM 融合的 3DGIS 平台将 BIM 与 GIS 融合，加入建筑物的内部结构和属性，可进行资产管理和空间分析决策，极大丰富了建筑模型的信息，贯穿模型的整个生命周期，扩展了 3DGIS 平台的功能。

2.4 三维产权体的构建

2.4.1 三维产权体空间数据模型需求分析

三维地籍是三维空间的一种划分，采用一定的三维几何图形来表示，它强调产权体的三维空间边界及空间相互关系。通常情况下，地籍空间依赖地表宗地或建筑物，但是也有部分不依赖地表和现实建筑物的三维空间，如一个建筑物空间中可能有多个三维产权体单元构成，其对三维空间形成横向或纵向分割。地籍空间是三维产权体的基础，而其他内容依赖或附加在地籍之上，如属性、语义等，因此对三维产权体的几何表达和空间操作至关重要。为了精确表达和有效管理三维产权体，三维地籍空间数据模型的选取应该满足以下条件：

（1）模型应能准确表达产权体的权属边界。产权体具有法律规定的权属边界，其边界是区分不同权属单元的依据。因此，与边界相关的要素需要保留并进行清晰记载。

（2）所选取的模型能保留拓扑关系，拓扑对于三维地籍空间数据模型来说意义重大，所选模型具有拓扑元素，应包含节点、边、面等拓扑元素，以及点、多边形和体元等几何对象。

（3）三维地籍不仅需要存储产权体边界数据，还要提供可视化的表达查询计算和空间分析等功能。

2.4.2 三维产权体构建

三维产权体的构建主要包括以下几个部分：

（1）二维测量数据或二维定界数据的处理。为了构建三维产权体，矢量数据应符合三个基本要求：多边形是封闭的；边界不能自相交；环或者洞应具备正确的几何描述和平面分割，无重叠和缝隙，因此需要预处理。

（2）三维体的构建。对符合要求的二维数据，结合三维空间开发利用的要求和现状设定，每个多边形都应有其地理高程和自身层高。通过 SuperMap 软件平台，将二维数据设置高度模式、底部高程、拉伸高度等参数，通过拉伸操作，无须组合就可以快速形成三维体模型。

（3）语义连接。产权体具有较强的属性和语义特征，并根据测量和登记管理规则具有特定的描述,其几何信息与属性语义的关联是描述三维地籍对象和构建地籍关系的重要内容。三维产权体的属性和语义可以分为三个主要方面:一是几何描述,如底面积、表面积和体积;二是属性和特征,如地址的描述;三是法律和产权及相关信息描述,如产权人、产权特征、交易信息等。对三维产权体来说,可以通过相应的ID使几何描述和属性集成,对构建后的产权体空间对象补充或附加必要的属性产权信息以及其他法律和交易信息,构建完整的三维产权体对象。

(4)空间查询和操作分析。对构建后的三维体,根据拓扑关系、语义属性等进行数据查询、修改,对产权体进行分割、合并等空间操作。

2.4.3 三维产权体可视化

使用阴影、透明等手段,实现三维产权体可视化,不但可以形象地表达产权体复杂的空间关系,而且有利于建模中信息的可视化获取和表达。三维产权体可视化是一种有效的途径,使产权视图具有更好的交流能力。

对单个的、独立的产权体的可视化表达较为简单,只需要通过图形展现出来即可,但是对复杂的、多个产全体集合,单个产权体的可视化就显得不足,无法表达产权体之间的空间位置关系和布局。因此对产权体结合的可视化需要通过透视、透明、多视图等技术手段来呈现。

当前浏览三维目标的主要手段是调整视角(旋转)或视点(漫游)。但是,它们在形成视图的同时也产生了很多问题,如漫游或飞行后缺乏背景和参考物,包括一直存在的阻挡问题。无变形地获取内部三维结构或三维目标的方法主要是切割挖洞、移除图层或透明。切割挖洞和移除图层,虽然使视觉可视,但是丢失了背景参考信息,而透明可视则在可视性和保持背景两者之间选择了折中。透视是由三维模型创建二维图像的过程。透明显示兼顾了线框的边线特征和空间阻挡。在这种显示方法中,透明性的强度表示产权体之间阻挡程度或者视线的深度,在一定程度上增强了对三维产权体的空间位置的认识。更为有效的是,可以将透明和非透明显示综合利用起来,突出三维产权体的空间位置。图 2-5 为单个三维产权体的透明可视化。图 2-6 为选中三维产权体不透明的显示。

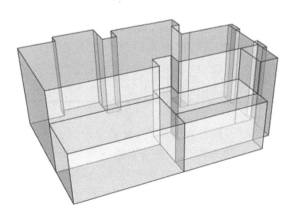

图 2-5 单个三维产权体的透明可视化

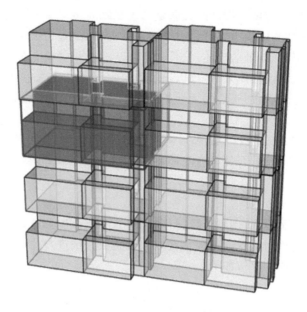

图 2-6　选中三维产权体不透明的显示

2.5　管网空间分析算法

2.5.1　连通性分析算法

2.5.1.1　算法基础

管网数据主要元素是点、线,使用管点作为节点和使用管网作为连接路径,是基础算法在数据结构图中的实际应用。广度优先搜索算法(Breadth First Search,BFS)是管网空间分析基础算法,其目的是遍历管网网络节点以实现查询功能[30]。

广度优先遍历类似在树中执行分层遍历过程。从数据集中顶点 A 开始,依次访问 A 的每个未访问邻近点,然后依次访问相邻点,以创建"第一个访问顶点的相邻性"。在"稍后访问的顶点的邻居"之前访问"点",直到访问了所有数据集中已运行访问顶点的全部邻近点。此时,如果目标数据集范围中有未被访问过的顶点,则选择目标数据集范围中另一个未被访问过的顶点作为访问起始点,重复上述流程,直到目标数据集中所有顶点都已被访问过。

设一组被遍历点,A 为源点,其余为遍历点,首先介绍无流向示意图,如图 2-7(a)所示。其中若从 A 点出发,从上至下,可知广度优先搜索遍历顺序为 $A \rightarrow B \rightarrow C \rightarrow D \rightarrow E \rightarrow F$,并将各点之间关系用数组来表达,能遍历到为 1,否则为 0,如图 2-7(b)所示,$V = (A, B, C, D, E, F)$,将所有顶点依次存入一维数组 $V[6]$,并储存到数组 V 中,式(2-5)所示矩阵即邻接矩阵。

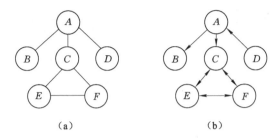

图 2-7　有无流向示意图

$$A = \begin{array}{c} \\ V_1 \\ V_2 \\ V_3 \\ V_4 \\ V_5 \\ V_6 \end{array} \begin{array}{cccccc} V_1 & V_2 & V_3 & V_4 & V_5 & V_6 \\ 0 & 1 & 1 & 1 & 0 & 0 \\ 1 & 0 & 0 & 0 & 0 & 0 \\ 1 & 0 & 0 & 0 & 1 & 1 \\ 1 & 0 & 0 & 0 & 0 & 0 \\ 0 & 0 & 1 & 0 & 0 & 1 \\ 0 & 0 & 1 & 0 & 1 & 0 \end{array} \qquad (2\text{-}5a)$$

$$A = \begin{array}{c} \\ V_1 \\ V_2 \\ V_3 \\ V_4 \\ V_5 \\ V_6 \end{array} \begin{array}{cccccc} V_1 & V_2 & V_3 & V_4 & V_5 & V_6 \\ 0 & 1 & 1 & 0 & 0 & 0 \\ 0 & 0 & 0 & 0 & 0 & 0 \\ 0 & 0 & 0 & 0 & 1 & 1 \\ 1 & 0 & 0 & 0 & 0 & 0 \\ 0 & 0 & 1 & 0 & 0 & 1 \\ 0 & 0 & 1 & 0 & 1 & 0 \end{array} \qquad (2\text{-}5b)$$

使用邻接矩阵示意图,在工作中能极大减少数据存储占用,另外此存储方式便于高效遍历网络中的任意点,例如查找 E 的相邻顶点,遍历 $V[2][j]$ 即可。在现实世界中,管网是有流向的,所以无流向示意图只存在于理想情况与闭环情况下,因此,正常流向示意图如图 2-7(b)所示。

本节基于 SuperMap GIS 来对管网流向、流速等进行三维表达,其中 SmFNode、SmT-Node 字段分别表示起始点与结束点,Direction 字段表示方向。具体见表 2-3。

表 2-3　**Direction 字段的表示**

字段值	示例	表述
0		与 SmFNode→SmTNode 方向相同,即流向的方向为 $A \rightarrow B$

表2-3(续)

字段值	示例	表述
1		与 SmFNode→SmTNode 方向相反,即流向的方向为 $B→A$
2		单源、环形管网,流向无法确定,可理解为双向流向
3		并未初始化流向,与原点不连通的管段

2.5.1.2 连通性分析算法

管网的连通性分析的本质为确认管网中两点是否已连接,且顶点是目标点后,是否可依次搜索管网中的每个顶点,以标识两点之间的连接,根据上述连通性分析本质与考虑流向等因素,可使用反向 BFS 算法进行搜索[31]。

该方法依据原始 BFS 算法实现,在实际管网管理中,需要寻找连接路线以及两端管段是否连通,所以一般情况下 BFS 算法可根据管网流向进行搜索[32-33]。SuperMap iObjects.NET 组件技术支持实现市政连通性分析功能,起始于邻接矩阵,基于 BFS 算法的管网通过正向和反向实现下游跟踪,实现连通性分析和在设施网络数据模型中进行上游搜索和下游搜索,也可以理解为最短路径分析,意为搜索源和遍历管网系统,其原理如图 2-8 所示。

2.5.2 爆管关阀分析算法

爆管分析基于 BFS 算法实现,但是并未考虑流向,所以导致理论分析与现场实际情况大不相同,本书将爆管分析设定为有流向,并利用反向 BFS 算法实现[34-35]。

如图 2-9 所示,b_1、b_2、b_3 为爆管处,a_2、a_4、a_9、a_{15}、a_{12} 为阀门点,其余为管节点。利用反向 BFS 算法,通过节点 ID 查找上下游信息,并根据上下游信息判断是否为阀门,如果是则关闭,否则继续搜索,直到找到阀门点。由此对 b_1、b_2、b_3 进行爆管分析,并设 a_0 方向为源点。

在 b_1 处,由算法可知由于 b_1 的位置是一个循环,所以先用反向 BFS 搜索点 a_3 和 a_4,会发现 a_4 是阀门点,将其列在集合 A 中,a_2 阀门点在 $A=\{a_2,a_4\}$ 处结束搜索。若排除可以关闭的阀门,则可以确定不需要排除该阀门,因为 a_2 与 a_4 之间存在上下游关系,阀门关闭结果为 (a_2,a_4)。

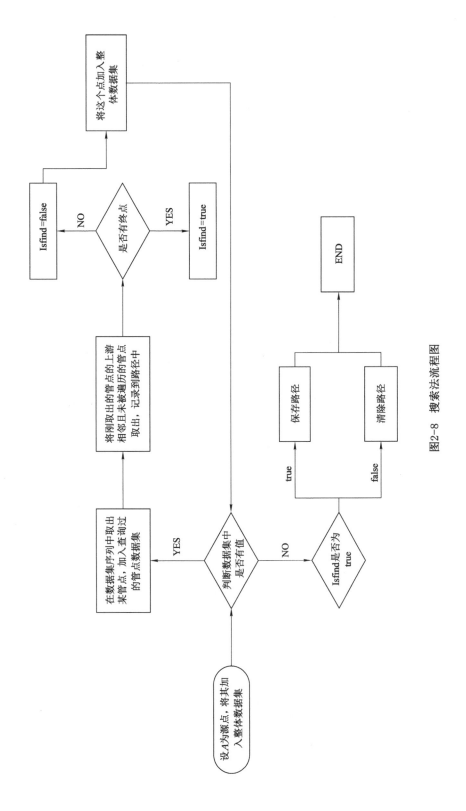

图2-8 搜索法流程图

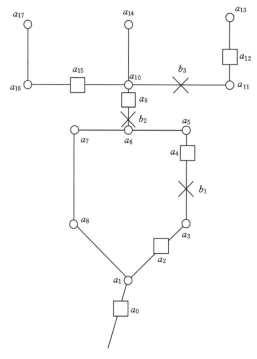

图 2-9　爆管示意图

在 b_2 处,使用反向 BFS 算法找到上游阀门点($A=\{a_4,a_0,a_2\}$)。以 A 集合中的 3 个节点为起点,查找下游的各个节点,发现 a_2 在 a_4 上游,a_4 在 a_2 下游,且 a_2、a_4 同时在 a_0 下游,然后从 A 集合中取出 a_2、a_4 并插入 C 集合阀门(C 集合阀门可能关闭也可能不关闭),阀门关闭结果为 0。

在 b_3 处,搜索后检索上游阀门点 $A=\{a_9\}$,所以阀门关闭结果是 a_9。

2.5.3　扩散模拟分析算法

目前有多种类气体浓度扩散模型,每种都有其自身优势,适用于适合本身特性的多种环境条件下,所以需要根据环境因素与标准误差范围来选择合适的扩散模型。目前公认的模型有四种,分别为 BM 模型、Sutton 模型、FEM3 模型、高斯烟羽模型。表 2-4 为各模型对比表,通过比较了解各种模型的应用条件和选择应用时要考虑的关键因素[36]。

表 2-4　气体扩散模型对比

名称	适用气体	适用扩散范围	难易程度	计算量
BM 模型	中、重性	大规模、长时间	较易	少
Sutton 模型	中性	大规模、较长时间	较易	较少
FEM3 模型	中性	均可	较难	大
高斯烟羽模型	轻、中性	大规模、长时间	较易	较少

唯像模型(Britter and McQuaid,BM)是基于大量实验数据的模型,实验大致分为连续

泄漏和瞬时泄漏两种,最后形成图表供使用。由于实验条件极大限制了每个因子的取值范围,模型准确率低,难以预测实验范围外的扩散结果。

Sutton 模型的核心理论是统计理论应用,其解决的湍流问题在实际工程应用中产生的计算误差较大,不适用于气体扩散模拟。

FEM3(3-D Finite Element Model,FEM3)模型的计算精度可以满足研究连续泄漏的要求,计算出规范时间内的均匀泄漏量,但模型复杂,增加了仿真难度。

高斯烟羽模型(Gauss mist-plume model,GMM)适用于模拟轻中性气体,是本书研究对象的最佳选择,虽然仿真精度并不完美,但是丰富的实验数据使该模型相对可行。高斯烟羽模型本身数学原理并不是特别复杂,计算结果精度可满足工程要求。

高斯烟羽模型以爆管坐标原点为污染源泄漏点,气体沿空间坐标轴的 x 轴、y 轴、z 轴方向分布。在高斯坐标系中,定义气流中心线在 xOy 平面上的投影与 x 轴重合,由此推导出下面描述的模式。

假设扩散气体浓度在 y 轴、z 轴上为正态分布,下风向扩散平均浓度分布函数为式(2-6),其中 $A(x)$ 为待定函数,a、b 为待定系数。

$$\rho(x,y,z)=A(x)\mathrm{e}^{-ay^2}\mathrm{e}^{-bz^2} \tag{2-6}$$

设泄漏污染物在 y 轴、z 轴方向分布的标准差值为 σ_y、σ_z,得出方差表达式,并假设泄漏物在扩散过程中不被其他因素干扰或吸收,得出 Q_{m} 扩散泄漏强度的积分公式:

$$Q_{\mathrm{m}}=\int_{-\infty}^{+\infty}\int_{-\infty}^{+\infty}\upsilon\rho\,\mathrm{d}y\,\mathrm{d}z \tag{2-7}$$

代入由 σ_y、σ_z 计算出的方差表达式求出待定系数 a、b,然后将求出的 a、b 的公式与式(2-7)合并替换掉 a、b,再代入式(2-8),可求出待定系数 $A(x)$。

$$A(x)=\frac{Q_{\mathrm{m}}}{2\pi\upsilon\sigma_y\sigma_z} \tag{2-8}$$

最后将以上式子结合,得到下风向污染物的高斯扩散方程式:

$$\rho(x,y,z)=\frac{Q_{\mathrm{m}}}{2\pi\upsilon\sigma_y\sigma_z}\exp\left(-\frac{y^2}{2\sigma_y^2}\right)\left\{\exp\left[-\frac{(z-H)^2}{2\sigma_z^2}\right]+\exp\left[-\frac{(z+H)^2}{2\sigma_z^2}\right]\right\} \tag{2-9}$$

式中　$\rho(x,y,z)$——泄漏物质在 (x,y,z) 点处的质量浓度,mg/m³;

　　　　υ——风速,m/s;

　　　　Q_{m}——扩散泄漏强度,mg/s;

　　　　x,y,z——预测点坐标,m;

　　　　H——有效源高,m;

　　　　$\sigma_x,\sigma_y,\sigma_z$——$x,y,z$ 轴方向的扩散参数。

以上为泄漏扩散公式,其中 Q_{m} 为扩散泄漏强度,单位为 kg/s。常用的泄漏强度标准公式为:

$$Q_{\mathrm{m}}=C_{\mathrm{g}}A\sqrt{\frac{2M}{ZR}\cdot\frac{K}{K-1}\cdot\frac{T_1-T_2}{\left(\frac{T_2}{p_2}\right)^2-\left(\frac{T_2}{p_2}\right)^2}} \tag{2-10}$$

式中　A——泄漏口面积,m²;

　　　　K——气体熵指数;

M——摩尔质量,kg/mol;

Z——压缩因子;

R——摩尔气体常数;

C_g——泄漏系数;

T_1,T_2——泄漏点处的气温,K;

p_1,p_2——距离泄漏口位置上游处气压,Pa。

2.5.4 负压波爆管点定位法

负压波爆管检测的原理:管网爆管泄漏后,事故现场产生的负压波会向管网的上下游传播,安装在管网上下游的压力传感器可检测到该波并分别记录时间,得到时间差后,通过计算可以定位爆管泄漏点在管段中的具体位置[37],负压波爆管检测示意图如图 2-10 所示。

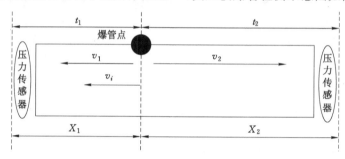

图 2-10 负压波爆管检测示意图

在管网两端分别安装压力传感器,设爆管点距管网上下游监测点距离分别为 X_1、X_2,总长为 X、管内流速为 v_A、负压波传播速度为 v、到管网两端时间差 $\Delta t = t_1 - t_2$,则有:

$$\Delta t = \frac{X_1}{v - v_A} - \frac{X - X_1}{v + v_A} \tag{2-11}$$

则爆管点距入口的距离 X_1 为:

$$X_1 = \frac{1}{2v}\left[X(v - v_A) + \Delta t(v^2 - v_A^2) \right] \tag{2-12}$$

由此可以推算出管网漏损的具体位置。但是负压波的速度与管线厚度、管内输送物质有直接关系,故需要基于参数速度进行计算,其中,c 为音速,k 为输送物质的弹性模量,ρ 为密度,E 为材料的弹性模量,d 为管线直径,e 为管壁厚度,C_1 为约束条件的相关修正因数。

$$v = \sqrt{\frac{c}{1 + [(k/E)(d/e)]C_1}} \tag{2-13}$$

2.5.5 剖面分析算法

剖面分析与上述连通分析、爆管分析、扩散模拟、爆管点定位不同,并不是基于流向、各类因素进行分析,而是对管网空间位置进行判别,分为纵剖面分析和横剖面分析[38]。

(1)纵剖面分析

垂直截面为市政为通过沿着特征线的一个或多个截面的趋势绘制一条线,作为垂直截面线的恒定空间。它的垂直平面是轮廓,将周围的管段投影到该平面上以获得所需的分析。

本节结合分析图展示各管段的分布及趋势,同时可以反映各种管段的尺寸、长度等参数化信息,为市政管理提供所需的数据内容。

图 2-11 为纵剖面分析示意图,a_1 和 a_2 点代表管线 a 的两端,c_1d_2 和 d_2d_3 是管网两个部分,b_1b_2 和 b_3b_4 分别对应点 a_1 和点 a_2 处的垂线。此时,在平面图中,a_1、a_2、c_1 分别为 c_1、c_2、d_2 在管线 a 上的投影点。下面通过图 2-11 详细说明。

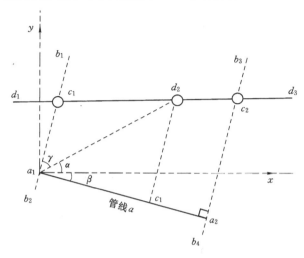

图 2-11　纵剖面分析示意图

由于 b_1b_2 为辅助线,具体长度未知,但考虑到计算方便和实际需求,将 b_1b_2 长度设置为 100 m,同时进行平均分布,且必须保证所选管网与地表的距离不超过 50 m。

但是在特殊情况下,如图 2-11 中的 c_1 和 d_3 所示,点数组阵列的第一个和最后一个端点不在分析范围内,具体来说,为了通过对交点的了解来掌握 c_1 和 c_2 的位置信息,得到高程值,并做好标记。最后对纵剖面各项参数进行计算,计算轮廓中多个端点与原点之间 $a_1a_2(0,0)$ 的偏移量。根据端点分布的不同,分为外点 c_1、c_2 和内点 d_2 两种情况:

① 水平偏移值问题:a_1 的横坐标为 0,a_2 的 x 轴坐标分量为面线 $l_{a_1a_2}$ 的长度。

② 垂直偏移值问题:c_1 和 c_2 中出现的偏移值分别对应数组中第一个和最远位置处的高程数据。

③ 端点与纵断面之间的间隙:在平面图中,根据 c_1 和 a_1 的位置分布计算得到 c_1 投影情况,根据 c_2 和 a_2 的位置计算投影间隔,计算 d_2 的投影。

(2) 横剖面分析

横剖面是指用户在任意空间中创建一条线段,定义为截面线,与几条管线与线段形成的平面,不一定形成 90°,这条线段的平面就是横剖面。结合图 2-12,可以展示管网在一个横剖面上的具体分布状况和位置关系,也可以查询其他管网的大小、长度等。

根据具体参数来绘制线,将所有管段与绘制线相交,最终分析结果以折线图的形式显示,地面高度的变化和管网深度的变化分别用两条线表示,y 轴坐标是相对于大地水准面的高度,x 轴坐标是元素到画线起点的距离,可以通过折线图分析管网标高和地面标高随直线绘制方向的变化趋势,该信息可用于沿线新建地下设施时避免空间重叠。断面分析就是在线路的横截面中找出与断面相交的元素,然后计算出管网与断面相交的坐标高度。计算出管段高程属性值。端点的高程属性值和最后计算出交点的高程值,图 2-12 为横剖面分析示意图。

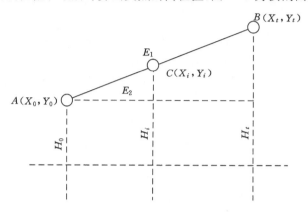

图 2-12　横剖面分析示意图

进行横剖面分析时首先绘制线,之后以几何网络当前高度作为空间参照绘制线。每个管段包含几何网络中管段的 ID、信息和深度。

最终分析结果以折线图的形式显示,地面高程变化和管网深度变化分别用两条线表示,y 轴坐标是相对大地水准面的高度,x 轴坐标是元素到线起点的距离折线图,分析管网标高和地面标高在绘制直线方向上的变化趋势,该信息可用于避免新建地下施工中的空间重叠,最终利用公式计算出交点的高程。首先,交点的高程 H_i 为准备计算值,$A(X_0,X_0)$、$B(X_t,X_t)$、H_0、H_t 为已知值。求起始点 A、终止点 B 两点之间的距离 E_1 和起始点 A、交点 C 之间的距离 E_2,并求出 C 的高程。

$$E_1 = \sqrt{(X_t - X_0)^2 + (Y_t - Y_0)^2} \tag{2-14}$$

$$E_2 = \sqrt{(X_i - X_0)^2 + (Y_i - Y_0)^2} \tag{2-15}$$

$$H_i = H_0 + \frac{E_2}{E_1}(H_t - H_0) = \frac{\sqrt{(X_i - X_0)^2 + (Y_i - Y_0)^2}}{\sqrt{(X_t - X_0)^2 + (Y_t - Y_0)^2}}(H_t - H_0) \tag{2-16}$$

2.5.6　缓冲区分析

缓冲区分析是管网分析的重要组成部分,可用于模拟管网的日常维护、废弃开挖、周边查询和紧急扩散等工作[39]。随着智慧城市理念不断深入,二维缓冲分析已不能适应目前的管网可视管理分析,因此对三维缓冲体分析的研究尤其重要[40],本小节主要对管网中的三维缓冲体进行分析。

三维缓冲体分析主要包括点、线、面、体四个部分。在三维空间中,三维点的缓冲区是以该点为中心,向任意方向发射长度为 R 的射线,这些射线终点所围成的表面以内所构成的范围就是三维点的缓冲范围(图 2-13)。首先设三维点坐标为 $A(X_0,Y_0,Z_0)$,C 为缓冲区边缘,那么缓冲区 $B = \{(C,A) < R\}$,因此,三维点的缓冲区是表面点的集合。设表面点为 (X_1,Y_1,Z_1),用式(2-17)表示,将三维点缓冲体的表面点集合构成连续的三角网,即可以实现点 A 的缓冲体空间可视化。

$$[X_1,Y_1,Z_1] = \{(X_1,Y_1,Z1):\sqrt{(X_1 - X_0)^2 - (Y_1 - Y_0)^2 - (Z_1 - Z_0)^2} = R\}$$

$$\tag{2-17}$$

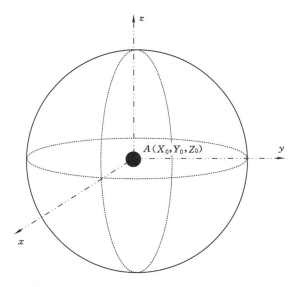

图 2-13　三维点缓冲区示意图

三维线的缓冲区分析可以看作由起始点与终止点之间连线构成的空间,因此也可以看成两端是球体、中间是圆柱体,如图 2-14 所示。

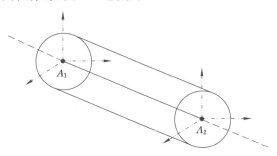

图 2-14　三维线、面、体的缓冲区示意图

点 $A_1(X_1,Y_1,Z_1)$、$A_2(X_2,Y_2,Z_2)$ 之间连线向两侧拓展形成的缓冲区为:$L_{A_1A_2}=\{(L,C){\leqslant}R\}{\cup}D_1{\cup}D_2$,$D_1$ 与 D_2 分别为 A_1、A_2 的点缓冲区,假设垂直于空间线 A_1A_2 的半径为 R,将 R 旋转后生成圆柱体,圆柱体表面上的点的集合为缓冲体区域。三维空间线缓冲分析对象为可沿三维面垂直方向拉伸形成的面之间的空间区域。

2.6　物联监测技术

物联网技术由麻省理工学院于 1999 年提出,是利用各种信息传感器、射频识别、红外传感器等设备对现实物体进行实时监测的应用技术[41]。将激光扫描仪、检测设备与互联网相结合,实现对事物和过程的智能识别和管理,可按照约定协议加强对事物的智能监控和管理[42]。理论上所有事物都可以利用物联网系统,通过传感器与其他相关传感技术,实现人与物之间的信息交互。物联网监测具有实时性、关联性、高容量性等特点,符合管网监测特性,其高度贴合度推进了管网智慧化管理。

（1）实时性：物联网传感设备定期收集特定频率数据，使数据实时化，在管网物联网监测应用系统中，如实时监控、预警和报警等，必须客观、及时地反馈管网变化。

（2）关联性：管网的物联网监控数据之间有着密不可分的联系。首先是时间相关性，数据同时由系统产生，反映系统状态，从数据世界角度来看，系统就是此时此刻的数据集合。其次是过程关联，也就是说，一个数据在一段时间后会影响第二个数据生成。

（3）高容量性：对管网内各种管网及附属设施进行全方位感知和监控，部署了大量不同类型的传感设备，首先从感知层产生海量数据，大多数传感设备一直在运行中，经时间推移，数据流增加了数据量，传感设备收集数据需要大量元数据。

物联网监测实质上是指通过信息传感设备，实现传感信息交换、智能跟踪、监控和网络管理[43-47]，"连接"是物联网技术的核心，识别、传输、处理是物联网技术的特性，架构为：感知层、网络层、应用层（图 2-15），即无线感知采集后传输至应用。

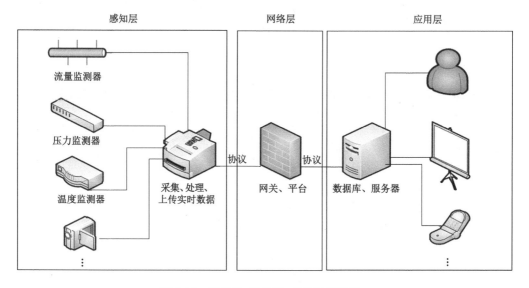

图 2-15　感知层、网络层、应用层示意图

2.7　三维 GIS 概述

20 世纪 60 年代，二维 GIS 逐渐发展，其拥有强大的数据采集、数据输入输出、空间分析等功能。但是由于二维 GIS 以平面坐标为基础进行数据分析，因此对某一兴趣点，大多数只会考虑平面的 x、y 值，并不会对其 z 值进行有效表达。而有些 GIS 会将高程 z 值设为点的属性，例如数字高程模型（DEM）、不规则三角网（TIN）。这些系统虽然能够表达地理要素的高程信息，但是其表达的高程 z 值并不是以独立变量进行存储，因此这种系统只能称为 2.5 维或准三维系统[32]。

数据的分布情况是区分二维和三维的基础。例如，若用一个表达式 $V = f(x,y)$ 表示二维 GIS，那么对二维平面中的任意一点 (x,y) 而言，该点的属性值为 V。那么，在 DEM 中，其属性值 V 就是该点的高程值。因此，DEM 视觉上是三维的，但是其本质却是二维的，所以从 DEM 中人们只能得到地表上某点的属性信息,而地表内的任意一点属性信息都是不可知的。对于真正的三维 GIS 系统来说,系统中存在着 X,Y,Z 三个相互独立的坐标轴,任意一点的高程值都是独立的,而其属性值 $V=f(x,y,z)$ 式中对应的 x、y、z 值在三维坐标系中是连续变化的,这使得在它的定义空间内能够获得任意一点的属性值 V。因此借助连续的数据,可以进行相比二维 GIS 更加全面的空间分析[33]。

在三维 GIS 中,以特定的三维坐标来代表特定的地理要素。因此随着技术的发展和行业的需求,越来越多的一维、二维对象需要向三维的空间要素转变。因为对于某一点来说,二维 GIS 是基于面对该点进行划分,三维 GIS 是基于体对该点进行划分,这导致对象之间的空间关系也与二维空间大不相同[34]。相比二维 GIS,三维 GIS 具有以下几个特点:

(1) 空间信息的表达更直观。人们通过空间信息来认识世界,空间信息的表达形式主要是图形。而二维 GIS 所能表达的空间信息非常抽象,只有学习过该方面知识的人才能理解使用这些信息。相比而言,三维 GIS 可以为非专业人员提供更真实、更丰富的空间信息,解决空间信息较为抽象且难以理解的问题,辅助人们进行高效、准确的管理和决策。

(2) 空间分析能力更强。对空间信息进行分析是十分复杂且抽象的,而且分析具有片面性。面对海量的空间地理信息,二维 GIS 的空间分析往往忽略了高程这一个重要变量,具有很大的局限性。例如,园区管理所应用到的逃生分析、通视分析、爆管分析等空间分析功能,对于二维 GIS 来说都是很难做到的。而三维数据包含了二维数据的所有信息,还考虑高程信息,可以轻松解决二维 GIS 分析不考虑高程的问题。三维 GIS 平台的兴起不仅是 GIS 表达能力的一次提升,也是空间分析能力的一次飞跃[35-37]。

3 阜新市三维实景建模及单体化

3.1 无人机倾斜摄影数据采集

3.1.1 像控点的布设与测量

无人机摄影测量采用飞前布控,可分组作业,航飞时影像上已有控制点,有利于计算机自动识别影像。以阜新市主城区像控点布设为例,由于测区面积较大,并且测区内地物密集,同时对三维模型精度要求较高,所以共布设地面控制点 28 个。像控点位置选择固定地物布设为好,像控点布设间隔为 150~200 m。要求相片中控制点的影像清晰,易判别,应位于航向及旁向至少重叠 5 张照片的范围内,特殊位置保证 4 张,控制点距相片边缘不小于 1 cm。地面控制点坐标利用 CORS 网络进行测量,同时拍摄控制点的局部照片和整体照片,为建模中刺像控点提供依据,像控点的布设如图 3-1 所示。

图 3-1 像控点布设图

利用 GPS-RTK 获取地面像控点,为了提高数据精度,观测时间不短于 15 s,每点观测 2 次,两测回平面坐标之差应小于 2 cm,垂直坐标分量之差应小于 3 cm。以结果的平均值作为图像控制点的最终测量结果。部分地面控制点坐标见表 3-1。

选用控制点时应当做到飞行区域四周布控,地形落差变化较大区域范围适量增大,利用地面控制点参与测区的空中三角测量能够计算地面的绝对坐标值。

表 3-1　地面像控点数据　　　　　　　　　　单位:m

控制点号	X 坐标	Y 坐标	高程
G01	＊＊＊＊＊＊＊.127	＊＊＊＊＊＊＊.542	151.164
G02	＊＊＊＊＊＊＊.615	＊＊＊＊＊＊＊.415	150.217
G03	＊＊＊＊＊＊＊.239	＊＊＊＊＊＊＊.124	147.235
G04	＊＊＊＊＊＊＊.019	＊＊＊＊＊＊＊.438	145.08
G05	＊＊＊＊＊＊＊.945	＊＊＊＊＊＊＊.545	144.035
G06	＊＊＊＊＊＊＊.017	＊＊＊＊＊＊＊.154	148.344
G07	＊＊＊＊＊＊＊.168	＊＊＊＊＊＊＊.542	147.362
G08	＊＊＊＊＊＊＊.087	＊＊＊＊＊＊＊.795	147.232
G09	＊＊＊＊＊＊＊.513	＊＊＊＊＊＊＊.817	146.264
G10	＊＊＊＊＊＊＊.960	＊＊＊＊＊＊＊.331	146.786

3.1.2　倾斜摄影数据获取

倾斜摄影平台用飞马 D2000 多旋翼无人机,配备五镜头索尼相机,可以从正视、前、后、左、右等多个视角采集影像,属于一站式高精度作业平台,不仅拥有 GPS 定位系统和 IMU 姿态测量系统,还具有遥控可控范围大、可定点悬停、自动避障、续航久、轻小型、信号好、抗风强等优点。飞马 D2000 无人机配备高精度差分 GNSS 板卡,标配千寻 FindCM 及 Find-Trace 服务,支持 PPK/RTK 融合解算。无人机如图 3-2 所示,平台具体参数见表 3-2。采用低空无人机倾斜建模,具有数据量大、影像倾角大、模型成果数据量大等特点[32]。坐标系为 2000 国家大地坐标系,中央子午线 123°;高程系统采用 1985 国家高程基准。

图 3-2　飞马 D2000 多旋翼无人机

表 3-2　倾斜摄影平台参数表

序号	名称	仪器设备及参数
1	影像 POS 数据获取方式	高精度差分 GNSS
2	最长航程/km	50
3	地面分辨率(GSD)/cm	2
4	飞行速度/(km/h)	80~120
5	旋偏角/(°)	<8

表3-2(续)

序号	名称	仪器设备及参数
6	航向重叠度/%	80
7	旁向重叠度/%	80

搭配五镜头倾斜云台,选用 Sony a6000 相机。文件格式支持 TIFF、JPEG 等,相机体积小、重量轻,内方位元素和畸变参数标定精确,画质良好。相机参数见表 3-3。

表 3-3　相机参数表

序号	名称	仪器设备及参数
1	相机型号	Sony a6000
2	镜头焦距/mm	倾斜镜头 35;垂直镜头 25
3	传感器尺寸/mm	23.5×15.6
4	像素/万	2 430
5	闪光同步速度/s	1/160
6	相机检校	测前出具单台相机独立检校报告

3.1.3　数据预处理及航线规划

原始数据主要包括 POS 数据、航飞相片、外业控制点坐标。数据预处理包括畸变改正、TIFF 文件按照瓦片格式存储、生成图像金字塔等来加速图像处理[33]。修改 POS 数据和格式,检查照片名称和质量,删除试拍照。无人机组装完成后,设置起飞点和降落点,在软件中进行航线规划,确保将研究区域全部覆盖。航线规划用配套飞马 GIS 软件设置飞行高度、时间、航线等参数,也可以利用手柄手动控制无人机飞行。航线规划如图 3-3 所示。无人机航拍获取测区多个视角航飞照片,共计 32 456 张。

图 3-3　航线规划图

3.2　三维实景建模

利用 Context Capture 进行三维建模,它通过相片生成分辨率较高的真实三维模型、DOM、DSM,具有人工干涉少、数据处理过程高效、数据成果多样、兼容多种数据源等优点,并支持局域网中多台电脑集群运算,极大地提高了运算效率。重点是空中三角测量自动生成三维模型和纹理映射,为后续数据处理和三维建模奠定基础[34]。图 3-4 为技术路线图。

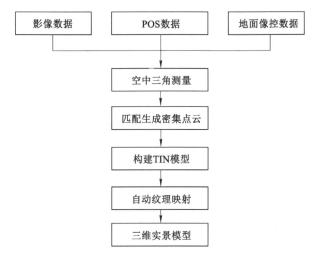

图 3-4　实景建模技术路线图

3.2.1　倾斜影像联合空中三角测量

空中三角测量以 POS 数据为初始外方位元素,以共线方程为基础,进行光束法区域网平差,提取特征点,进行像对匹配和同名点的密集匹配,根据成像模型求得每个像元的物方坐标。空中三角测量关键步骤为提取照片特征点、匹配同名特征点、影像外方位元素反算。采用基于空间直角坐标系的优化模式,按照控制点的移动实现绝对定向。

相片存储路径使用英文,导入像控点后先刺少许边缘控制点,运行第一遍空三,查看空三效果。参考预测的控制点,查看外业拍摄的局部照片进行准确刺点,每个航带刺点数量不少于 9 张,通过尽可能多的刺点提高模型精度。对于处于照片边缘或位置模糊的控制点,至少刺 3 张照片。

刺点完成后运行第二遍空三,若空三排列有序,无明显的交叉和分层现象,处于大致水平面即可进行后续建模,如图 3-5、图 3-6、图 3-7 所示。

3.2.2　模型输出

由空三加密文件通过多视影像联合平差得到高密度数字点云。多视影像联合平差需结合外方位元素,提取同名特征点,建立 GCP、连接点、连接线之间的区域网平差的误差方程,联合求解外方位元素、加密点的物方坐标。光束法区域网平差的数学模型为:

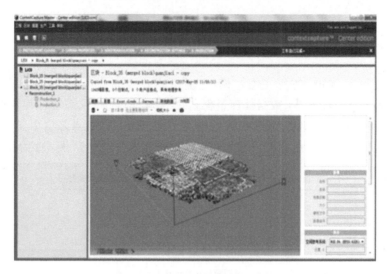

图 3-5 空中三角测量计算完成

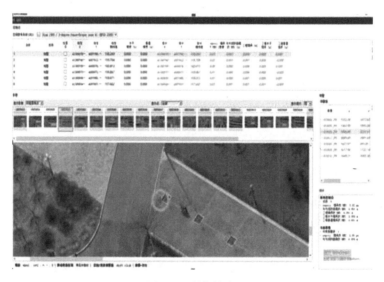

图 3-6 刺像控点

$$\begin{cases} u - u_0 = -f \dfrac{a_1(X - X_S) + b_1(Y - Y_S) + c_1(Z - Z_S)}{a_3(X - X_S) + b_3(Y - Y_S) + c_3(Z - Z_S)} \\[3mm] v - v_0 = -f \dfrac{a_2(X - X_S) + b_2(Y - Y_S) + c_2(Z - Z_S)}{a_3(X - X_S) + b_3(Y - Y_S) + c_3(Z - Z_S)} \end{cases} \qquad (3\text{-}1)$$

式中 (u, v)——像点坐标；

f——焦距；

(X, Y, Z)——物体的物方空间坐标；

(X_S, Y_S, Z_S)——影像外方位线元素；

a_i, b_i, c_i——外方位角元素，$i = 1, 2, 3$。

密集点云数据量大，先将数据分块后再进行不同层次细节度下的 TIN 模型构建[35]。

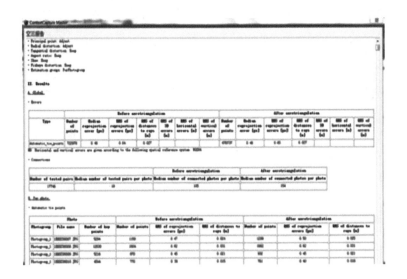

图 3-7 空三报告

空三解算出外方位元素,分析并选择最佳影像匹配单元,进行特征匹配和逐像素级匹配。基于点云构建不同层次细节度(Levels of Detail)下的三角网(TIN)模型,通过改变三角形大小匹配影像分辨率进行三角网优化[36]。

最后对 TIN 模型进行配准和纹理映射。软件求解模型中每个三角面的法线方向,对比相应位置的照片姿态,模型中任意三角网有且只有一张目标影像与之对应,求解二者的夹角,以此为依据判断该三角网模型的纹理贴图。根据二者夹角数值,判断该三角面与航飞影像的贴合程度。若夹角过大,表明匹配不佳,会导致模型纹理不清晰。

自动纹理映射基于瓦片技术,将测区分为多个面积固定的子区域(瓦片)。本项目以规则瓦片进行划分,建模时瓦片大小占用的内存(RAM)选择电脑内存的三分之一。计算出相应目标影像后还需求解具体对应位置。纹理贴图依据 TIN 中三角形和照片相应位置间的几何关系,寻找实际纹理区间,使纹理影像配准后反投影到相应三角形表面。分瓦片处理后需建立一个 S3C 索引文件,用 Acute3D Viewer 查看同一坐标系下模型的最终效果,检查模型是否存在局部缺失、纹理丢失、建筑轮廓模糊等问题。阜新市主城区三维实景模型如图3-8 所示。

3.2.3 模型精度分析

三维实景模型的精度受多种因素的影响,例如外业控制点布设的方式和个数、所用的照相机的参数、飞行条件、航飞高度等。精度分析需检查数据完整性、位置精度、表现质量、逻辑一致性等[37]。

本项目采用人工实测的方式检验精度,选取 10 个检查点,均匀分布在测区范围内,采用莱卡 RTK 计算检查点三维坐标,检测点分布如图 3-9 所示。在全数字摄影测量系统中加载三维模型,尽可能多次测量检查点平面坐标,取平均值以降低人为误差。以检查点外业测量结果为真值,误差统计见表 3-4。

图 3-8 阜新市主城区三维实景模型

图 3-9 检测点分布图

表 3-4 检查点精度统计

序号	检测点号	ΔX/cm	ΔY/cm	ΔH/cm
1	JCD1	−3.5	3.1	4.2
2	JCD2	−2.8	−1.4	2.4
3	JCD3	−1.6	−3.7	−3.1
4	JCD4	0.3	−2.1	−5.6
5	JCD5	−4.7	3.6	14.2
6	JCD6	0.2	−4.0	−0.8
7	JCD7	−5.4	2.9	−4.9

表3-4(续)

序号	检测点号	$\Delta X/cm$	$\Delta Y/cm$	$\Delta H/cm$
8	JCD8	-1.7	1.3	-2.1
9	JCD9	-5.9	-0.3	3.1
10	JCD10	2.8	0.9	-5.1

根据中误差公式得：

$$m_x = \sqrt{\frac{1}{10}\sum_1^{10}\Delta x_i^2} = 3.45 \tag{3-2}$$

$$m_y = \sqrt{\frac{1}{10}\sum_1^{10}\Delta y_i^2} = 2.63 \tag{3-3}$$

$$\sigma = \sqrt{m_x^2 + m_y^2} = 4.33 \tag{3-4}$$

$$m_z = \sqrt{\frac{1}{10}\sum_1^{10}\Delta H_i^2} = 5.75 \tag{3-5}$$

由结果可知,检查点 x 轴方向的中误差为 3.45 cm, y 轴方向的中误差为 2.63 cm,点位中误差为 4.33 cm,高程中误差为 5.75 cm。根据《三维地理信息模型数据产品规范》(CH/T 9015—2012),在 1 : 1 000 比例尺下,符合模型平面精度低于 0.8 m 和高程精度低于 1 m 的精度要求。

3.3　实景三维模型的单体化

3.3.1　按建筑物进行单体化

按建筑物的单体化是将居民地矢量图层叠加到倾斜摄影生成的三维实景模型上,通过风格设置模块的高度,设置选择贴对象模式,使之贴合在实景三维模型上,同时要将居民地矢量面设置成一定的透明度,通过点击查询建筑物所在位置,查询相应属性信息,如图 3-10 所示。

利用 SuperMap 进行实景三维模型的单体化具有以下优点:(1)分割后模型边缘清晰,效果良好,可以设置透明度;(2)灵活多变,不用预处理,可随意绑定查询;(3)利用二三维一体化实现基础 GIS 功能。

3.3.2　按三维产权体进行单体化

按三维产权体的单体化是将建筑物划分为不同楼层,每个楼层划分为不同单元,每个单元由封闭的矢量多边形表示,每个多边形都有自己的三维坐标和自身层高,其三维空间位置固定,三维空间边界清晰。通过 SuperMap 软件平台,将这些矢量二维数据设置高度模式和底部高程,按楼层高度设置拉伸高度等参数,通过拉伸操作,由于三维位置固定,无须组合就可以快速形成三维体模型。图 3-11 为三维建筑产权体集合,图 3-12 为集成后效果。

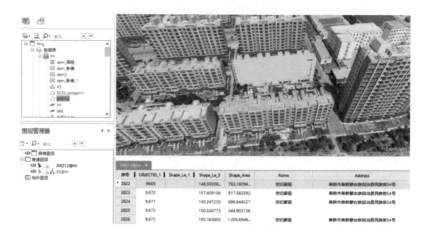

图 3-10　三维场景中点选建筑物查询属性

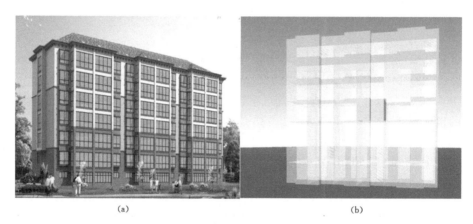

(a)　　　　　　　　　　　　　　　(b)

图 3-11　三维建筑产权体集合

图 3-12　集成后效果图

4 BIM 建模和室内外一体化

4.1 BIM 建筑物模型构建

4.1.1 Revit 建模介绍

Revit 软件是专为 BIM 而发明的,是目前应用最广泛的一款软件。它不仅通过 BIM 模型直观展示全部工程的各个部分,还通过实时联动实现一处修改处处更新。通过精确建模,Revit 可以提取各个部件的位置和属性数据,处理建筑、结构方面的问题,为预算提供依据,节省了大量的时间和人力成本,同时具有渲染、协同工作、碰撞分析等功能。

图元为 Revit 最基本元素类型,涵盖了模型的各项信息,如图 4-1 所示。BIM 模型不可以直接导入 SuperMap,需要通过 SuperMap 插件进行格式转换。通过 SuperMap 插件对 BIM 模型进行转换时,通过图元完成了模型和属性的链接对应。SuperMap 插件如图 4-2 所示。

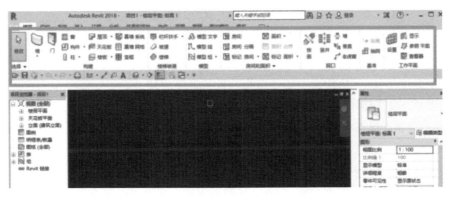

图 4-1 Revit 软件主界面和图元

对于复杂的实体建筑模型,需要对模型图元进行制作与修改,通过对"族"的创建,实现模型需求的参数化设计和工程定制。一个族中包含不同类型的图元,或者同一类图元属性值不同,但是同一个族中所有图元的属性设置类别相同。族是三维模型进行参数化设计的载体。利用族编辑器设置所需的族构件,可以提高效率,使管理信息更加标准规范。Revit 族库类似数据库,可以按照不同的需求分类,也可以以参数为标准进行分类,或者按照模型的特性进行分类。对于类似的工程模型,可以使用 Revit 自行建立族库并及时保存,以后方便直接调取使用,可以大幅度提高工作效率。Revit 中族与项目关系如图 4-3 所示。

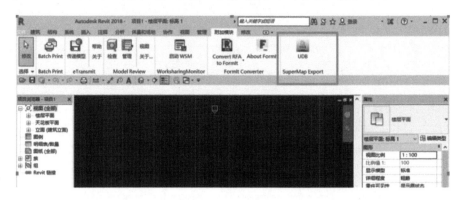

图 4-2　SuperMap 插件

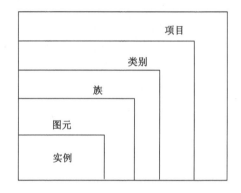

图 4-3　Revit 族与项目的关系图

4.1.2　创建建筑物模型

本书研究使用 Revit 软件构建某个即将开发的办公大楼。建模前需要设定样板文件,由于构建模型是办公大楼,所以选择建筑样板。选择建筑样板后进入建筑立面图,首先设置轴网和标高,作为建模的位置参照标准,在基准面板上先设置标高,其次设置轴网。BIM 模型构建时,图元的高度定位需要参考初始标高,目的是使所有模型为同一个标准。一般起始标高线为 ±0.000 m,其他楼层标高根据 CAD 图纸进行设置。根据 CAD 平面图,如果建筑物内部结构复杂,构件数量较多,可多绘制些轴网,为其他构建提供位置参考。楼层平面图如图 4-4 所示。

根据建筑设计的 CAD 图纸,依次绘制楼板、墙、柱子、门窗等建筑构件。按照用途不同,柱子分为结构柱和建筑柱,建筑柱多数为支撑柱,起到支撑建筑物的作用,可以独立放置。结构柱起承重作用,位于室内墙体的连接处。根据 CAD 图纸,绘制柱子的位置、材质、类型等。常规选用拾取线绘制梁,然后通过自动创建梁系统命令自动生成次梁。绘制楼板使用 Tab 键,创建闭合的区域作为楼板。若楼板的材质和属性相同,分块的楼板可以自动融于一体。

在制作 BIM 模型时,构建墙体是基础且重要的核心工作之一。在绘制墙体时,按照建筑标准绘制墙体的高度、厚度、构造、内墙、外墙等关键要素,选择绘制墙的种类和材质。墙体由于所选材质、功能等不同,大致包括防火墙、复合墙、幕墙等。墙体大致分为 5 种,如建筑墙、结构墙、面墙等。结构墙适用于承重墙和抗剪墙,建筑墙是将空间分隔。对于要求较

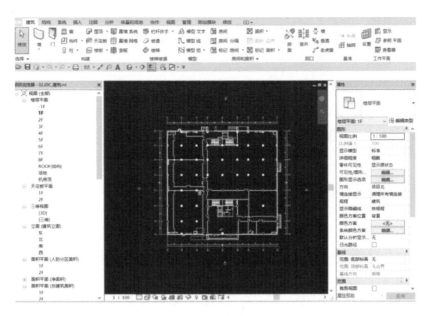

图 4-4　楼层平面图

低的简单模型,墙体可以使用面墙构建。在墙体建模之后,墙饰条和分隔缝可以最终完善墙体。幕墙不仅可以自动嵌入需要替换的墙的位置,还可以添加门窗嵌板安装到幕墙上。完成墙体绘制,然后修改墙体的相关属性、材质以及类型。楼层三维视图如图 4-5 所示。

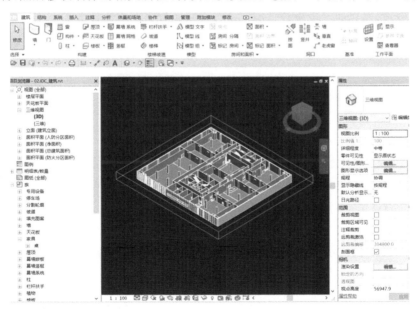

图 4-5　楼层三维视图

Revit 模型建立步骤如图 4-6 所示。

在创建 BIM 模型时需注意以下问题:建筑的原点设置对于后续操作单一模型体或建筑群非常重要,可以避免大量的多余操作。由于办公楼楼层较多,需拆分,各楼层分别建模;文

图 4-6　Revit 建模步骤

件名多数由数字和英文组成,命名要唯一且规范。每个设备录入唯一设备编码。设置视图的范围提高显示效率。

4.2　BIM 模型内部管线构建

BIM 模型内部管道建模需要选择机械样板,在系统选项卡中选择不同的管道类型系统,然后设置管径、材质、管件等,最终根据设计 CAD 图纸确定高度进行建模。以给水管道为例,点击管道属性栏,设置系统类型为"循环供水",之后修改编辑类型,设置"布管系统配置",包括管件类型、尺寸等,并且涉及弯头、三通、四通等构件。初步制作结束后,如果需要变更管道模型的高度和管径,可以双击管道修改其管径或高度。绘制完成后在三维视图下查看管道的立体模型。

制作完成基础管道模型后需要添加阀门。利用"系统"选项卡下"管路附件"模块可查找相应的阀门,放置在管道的中心线处。放置阀门时需要查找与管道一致的阀门,必须按照施工规范标准设置。如系统中没有相应管道时,可以自定义新系统。管道模型建好之后,针对不同作用的管道,可以通过设置管道颜色进行区分。管道模型属性数据如图 4-7 所示,供水管道绘制完成图如图 4-8 所示,细节如图 4-9 所示。绘制完成后需要进行模型碰撞检查,具体流程如图 4-10 所示。

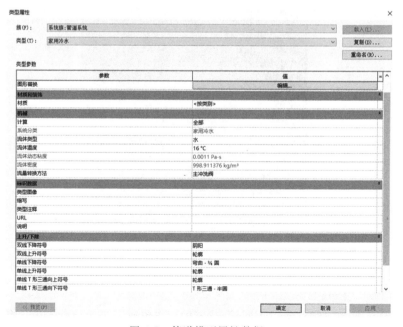

图 4-7　管道模型属性数据

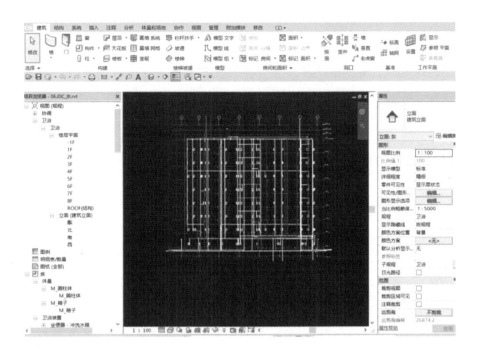

图 4-8　供水管道绘制完成图

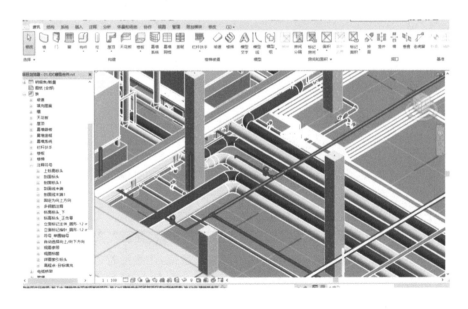

图 4-9　各类管道细节模型

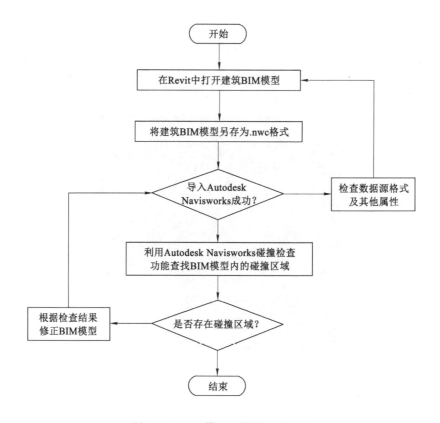

图 4-10　BIM 模型碰撞检查流程图

4.3　地下管线构建

4.3.1　管线三维建模方法

　　由于城市地下管网三维建模不但需要存储管道、管点及其附属物的各类信息,而且要求管网更新便捷、模型真实、位置准确、建模成本较低、修改便捷,在实景模型与 BIM 融合的阜新市 3DGIS 平台中可进行城市空间分析。结合 B-Rep(边界表示法)和 CSG 混合数据构模的思路,如图 4-11 所示,地下管网三维建模实现方案如下。

　　管道建模比较简单,基于 B-Rep 表示法将管道分割为点、线、环、面、体等层次结构。在软件 SuperMap 中按照二维矢量图进行批量的参数化建模,用线形符号构建三维管线,实现大面积各类管道三维模型的构建。管点及其附属物研究对象利用 CSG 法按照树形结构进行分割,成为基础的几何对象,生产的 CSG 组件利用 3ds Max 软件对几何对象进行一系列操作,如布尔运算、几何变换、缩放等,生成相应的实体模型。首先将管点及其附属物模型导入 SuperMap,制作管点三维模型数据库,然后根据管件可视化参数自动将管点模型、附属物模型与管道模型进行精确匹配,最终构建完成阜新市地下三维管网场景。

　　(1)基于 CSG 方法建立管件模型

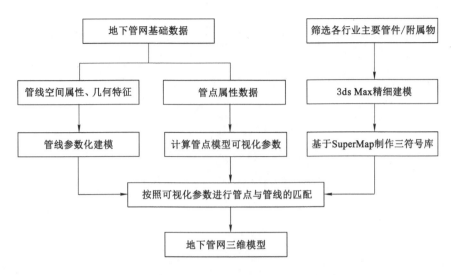

图 4-11　地下管网三维建模实现方案

地下管网的管点和附属物虽然结构各异,作用各不相同,但是模型建立后可以多次利用,因此选择精细建模建立各类管点及附属物的三维模型,实现对地下三维管网的特征精细描述,基于 CSG 方法对管点及附属物完成三维建模。选用此方法建模,细节逼真,纹理清晰,减少冗余信息,特征参数详尽。此外,可以进行特征参数设置,或者重新叠加体元,生成新的模型。

首先,对各类管件、附属物基于 CSG 方法完成分割,简化为基本体元。然后,在 3ds Max 建模软件中通过基本体元实现多次几何变换,如旋转、放缩、拉伸等,或者组合、放样等处理,实现模型构建。

本书以基础三通管件模型的生成为例,简述 3ds Max 建模过程。三通管件是连通两个垂直方向不同的管道的管件,基于 CSG 法分割为水平较长的管体和垂直交叉的较短管体两个部分。管体按照不同长度尺寸和半径相同的圆柱体表示,详细的拆分及建模步骤如图 4-12、图 4-13 所示。

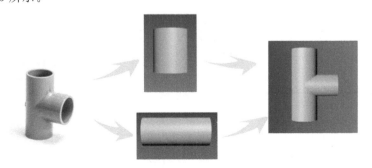

图 4-12　基于 CSG 方法分解建模

(2) 基于 B-Rep 方法建管段模型

B-Rep 是将研究对象依次分解为体、面、线、点的结构,是一种基于层次结构的表示方

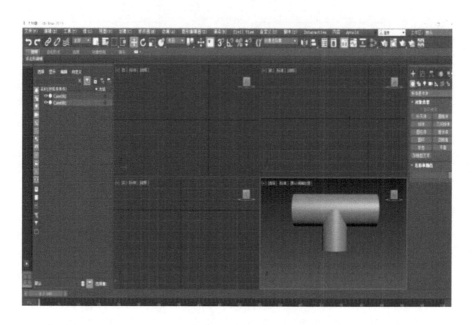

图 4-13　3ds Max 建模展示

法,如图 4-14 所示。通过此方法生成的三维模型,不仅包含点、线、面各自的属性信息,还清晰表述了点、线、面之间存在的拓扑关系,有利于实现三维分析。综合阜新市城市地下管网建模的需求,将 B-Rep 结构与各类管道的物理属性、社会属性等结合,使三维管网信息更丰富。但是此方法与体元、体积特征无确切关联,无法像基于 CSG 方法建模一样修改模型单个特征体元。

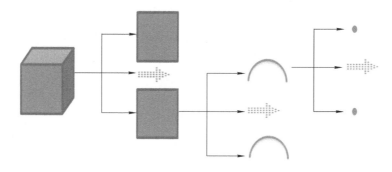

图 4-14　基于 B-Rep 法分解

因此,利用 B-Rep 模型依据管线的矢量数据构建三维管道模型,比管件、附属物模型更简洁,并且可以大规模批量生产。该方法的核心优势是具有空间整体性,空间位置精度高,大规模建模时省时省力。

利用 B-Rep 表示法将管道分解为一个面集,此面集由多个边界面的集合构成。各个面都可以分解为一组边界线段,通过一定次序首尾相连组成一个封闭的面。每一条边界线段由无数个点组成,最特殊的是首尾两个端点,端点位置用空间三维坐标确定。按照层次依次不断分解,包含管道的几何特征、属性数据及拓扑关系。管道用 B-Rep 法按照层次关系分解为一些基本元素,再按照点、线、环、面、体重新构建管道三维模型,此过程称为参数化建模。在管网中,管件、附属物与管线的连接依照中心点及管件的朝向进行定位,基于 Super-Map 对管线进行批量化建模,如图 4-15 所示。

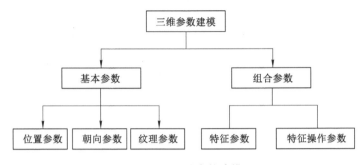

图 4-15　三维参数建模

修改并设定管线的各类参数,如位置参数、管径、管长、截面参数、中心线参数、朝向参数等。由于管道模型的全部参数都存储在属性信息表中,因此在参数化建模过程中通过设置管道属性表中不同参数所对应的属性字段就可以实现参数的设置。

空间属性由坐标、材质、管径等确定,将位置参数设置为管线的三维空间数据,朝向参数根据管线的上游点与下游点的编号决定,纹理参数为管线模型对应的纹理图片。管道参数化建模中,首先根据起点与终点的位置坐标确定管线位置,然后修改特征参数,其次利用管径参数设置管道横截面大小。管道的几何特征主要体现在截面形状和尺寸规格,常见的管道为圆形管、矩形管(方沟)、不规则管段。通过已有的 CAD 图纸或者外业数据探测获取相应管线的截面数据和中心线数据,利用截面放样和中心线设置长度放样,实现管段的局部建模。同时修改管段的材质、朝向、纹理等数据,制作三维管线模型。

4.3.2　SuperMap 软件构建地下三维管网模型

利用 SuperMap 软件构建地下三维管网模型,用三维网络数据集搭建管线模型,增强显示性能,提高数据承载能力,为三维管网的展示、管理及应用提供技术支持。管线用线型符号构建,自适应管点构建特征点,附属设施用 3ds Max 建模。构建三维管线场景如图 4-16 所示。

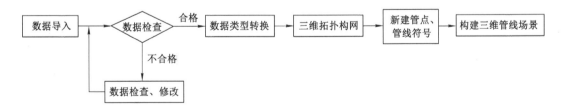

图 4-16　SuperMap 构建三维管线场景

利用、检查并更新阜新市管线、管点矢量数据,导入 SuperMap。管点按照类型可以分为特征点、井和附属设置。依据管点分类,查找进行拓扑构网的点。在管点属性表中,用 Code 字段(点符号代码)表示管点类型,详见阜新市地下管线图式和图例,如图 4-17 和

图 4-18 所示,根据这些字段值进行提取。

序号	OBJECTID	Exp_No	X	Y	Code	MDate	TFH	SDate	Note_	P_Deep	Belong
1	1	JS11024	41.396.057...	4.658.445...	131	2010/6/7 0...		2016/6/7 0...		1.5	水务集团
2	2	JS11025	41.396.052...	4.658.434...	101	2010/6/7 0...		2016/6/7 0...		1.5	水务集团
3	3	JS11026	41.396.051...	4.658.432...	131	2010/6/7 0...		2016/6/7 0...		1.5	水务集团
4	4	JS11027	41.395.969...	4.658.386...	101	2010/6/7 0...		2016/6/7 0...		1.5	水务集团
5	5	JS11028	41.395.874...	4.658.335...	131	2010/6/7 0...		2016/6/7 0...		1.5	水务集团
6	6	JS11034	41.395.679...	4.658.225...	131	2010/6/7 0...		2016/6/7 0...		1.5	水务集团
7	7	JS11036	41.395.677...	4.658.225...	101	2010/6/7 0...		2016/6/7 0...		1.5	水务集团
8	8	JS17655	41.395.648...	4.658.208...	122	2010/6/7 0...		2016/6/7 0...		1.5	水务集团
9	9	JS11037	41.395.638...	4.658.202...	101	2010/6/7 0...		2016/6/7 0...		1.5	水务集团
10	10	JS11038	41.395.608...	4.658.186...	122	2010/6/7 0...		2016/6/7 0...		1.5	水务集团
11	11	JS11039	41.395.608...	4.658.187...	101	2010/6/7 0...		2016/6/7 0...		1.5	水务集团
12	12	JS11040	41.395.551...	4.658.155...	131	2010/6/7 0...		2016/6/7 0...		1.5	水务集团
13	13	JS11041	41.395.463...	4.658.107...	122	2010/6/7 0...		2016/6/7 0...		1.5	水务集团
14	14	JS11042	41.395.456...	4.658.120...	121	2010/6/7 0...		2016/6/7 0...		1.5	水务集团
15	15	JS11043	41.395.355...	4.658.050...	122	2010/6/7 0...		2016/6/7 0...		1.5	水务集团
16	16	JS11044	41.395.355...	4.658.051...	101	2010/6/7 0...		2016/6/7 0...		1.5	水务集团
17	17	JS11045	41.395.354...	4.658.052...	130	2010/6/7 0...		2016/6/7 0...		1.5	水务集团
18	18	JS11046	41.395.228...	4.657.979...	122	2010/6/7 0...		2016/6/7 0...		1.5	水务集团
19	19	JS11047	41.395.225...	4.657.975...	122	2010/6/7 0...		2016/6/7 0...		1.5	水务集团
20	28	JS11200	41.395.229...	4.657.985...	101	2010/6/7 0...		2016/6/7 0...		1.5	水务集团
21	29	JS11201	41.395.225...	4.657.993...	122	2010/6/7 0...		2016/6/7 0...		1.5	水务集团
22	30	JS11202	41.395.226...	4.657.994...	101	2010/6/7 0...		2016/6/7 0...		1.5	水务集团
23	31	JS11207	41.395.158...	4.658.128...	122	2010/6/7 0...		2016/6/7 0...		1.5	水务集团

图 4-17 管点属性表数据

ID	GDName	GDCode
1	给水井盖	101
2	给水阀门	102
3	给水阀门孔	113
4	给水水表	103
5	给水排气阀	104
6	给水排污阀	105
7	给水消火栓	106
8	给水消防井	107
9	给水水鹤	114
10	给水绿化喷洒口	115
11	给水水源井	108
12	给水水塔	109
13	给水水池	110
14	给水泵站	111
15	给水沉淀池	112
16	给水弯头	121
17	给水三通	122
18	给水四通	123
19	给水多通	124
20	给水变径	125
21	给水变材	126
22	给水预留口	127
23	给水盖堵	128
24	给水非普查区	129
25	给水入户	130
26	给水一般管线点	131
27	给水排污口	132
28	排水盖井	201
29	排水检修井	202
30	排水污水连接井	203

图 4-18 管点符号部分代码

利用 SuperMap 自带的管网数据检查插件进行检查,通过检查管点位置是否坐落于相应的管线,确保拓扑构网的顺利进行,如图 4-19 所示。根据检查结果对数据进行检查和修正,重复该步骤,直到数据检查通过。将检查正确的管点、管线由二维数据转换成三维数据。

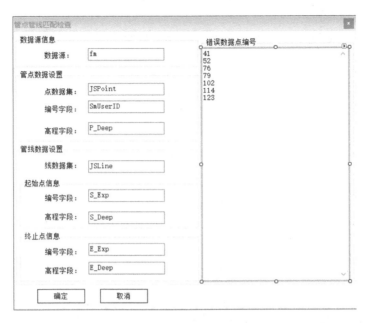

图 4-19　管点、管线匹配检查

三维网络模拟真实网络结构包含所有关键信息,如弧段与节点之间的拓扑关系、空间位置、地理属性特征。自定义构建三维网络,如图 4-20 所示。利用计算机求得管线的方向和管径,自适应管点符号与之匹配。

图 4-20　自定义构建三维网络

将三维网络数据集放入球面场景中,设置高度模式,选择符号风格、旋转参数、缩放参数等,制作自定义专题图。最终阜新市地下三维管线场景搭建完成,如图 4-22 所示。

图 4-21　构建管线模型

图 4-22　阜新市地下三维管网模型效果图

4.4　室内外一体化构建

4.4.1　实景模型与 BIM 模型融合

BIM 模型具有空间数据和属性数据。空间数据包含空间位置、外观形状等,为实景模型与 BIM 融合提供可能。BIM 建筑全生命周期从设计、施工到运维,都是针对 BIM 单体精细化建模,缺少对周边的宏观地理环境要素单独进行研究,使其应用价值降低。而实景模型主要关注全局地理要素,具备成熟的各类三维查询和分析功能。在 BIM 运维阶段,实景模型可给予决策辅助,因此 BIM 需要实景模型。对于实景模型而言,BIM 是一种关键的 GIS

数据来源,将 3DGIS 的应用领域由全局扩展到具体建筑物内部,实现室内外一体化管理、查询与分析。

　　BIM 主要用于建筑设计以及管理,而实景模型是对地理信息的准确描述以及应用,使得二者融合较为困难,这主要体现在以下方面:

　　(1) 数据格式无法直接融合。由于应用领域的差异,数据格式之间存在壁垒。二者数据格式之间无法实现直接转换,应继续研究并探讨出一套规范化的数据体系,以实现 BIM 模型与实景模型的快速融合,如图 4-23 所示。因此,选用 SuperMap 平台,可以利用 Super-Map 自带的插件实现 BIM 模型的数据格式转换。BIM 模型导出参数设置如图 4-24 所示。

图 4-23　BIM 模型数据转换方式

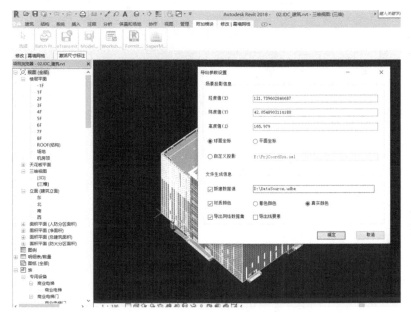

图 4-24　BIM 模型导出参数设置

　　(2) 宏观数据与微观数据融合的恰当方式。实景模型注重宏观场景的建设,侧重于分析管理能力,因此在实景模型的场景中经常出现细节处理模糊和三维观感较差等问题。而 BIM 模型则详尽且细致地对建筑物及其内部构件精细建模,同时包含大量的几何信息和属性信息。但是精细的模型往往伴随着巨大的数据量,对软件系统的加载、运行等方面要求较高。

　　(3) 不同领域的设计理念各不相同。BIM 具体关注建筑物内部结构及属性,主要体现在模型内部空间设计功能。但是实景模型偏向于对地理信息数据的采集、存储、管理、共享等技术,并且已经发展完善。当实景模型和 BIM 融合实现室内、室外一体化时,以墙体为例,在 BIM 设计中可能存在外层、面层、内层等,但是在实景模型中只关心墙体的面积、位置、高度等信息,所以二者融合必须对 BIM 模型进行合理取舍,避免数据冗余,同时提高加载速度。

（4）BIM 模型为实体模型,通过查询与管理所有模型构件,实现建筑全生命周期管理。而实景模型为表面模型,用边界表示法表示。实景模型建模时,通过三角网形成三角面或曲面,连接构建封闭空间区域,表面载有几何信息、属性信息。实景模型采用多细节层次 LOD(Levels of Detail)技术来表达,对拓扑结构能够表述清晰,但是对构件之间关联的信息记录较少。

通过实景模型和 BIM 融合,可以实现室内、室外一体化三维浏览,凸显其在大范围建筑物信息管理方面的优势。实景模型和 BIM 融合效果如图 4-25 所示。

图 4-25　实景模型和 BIM 融合效果图

4.4.2　地上、地下管线模型的匹配

综合考虑阜新市城市地下三维管线繁杂,结合规划设计的建筑物 BIM 模型内部管线,总体数据量庞大,不利于计算机浏览和展示,所以选择以给水管线为例,进行详细论述。由于管件附属物采用 CSG 法建模,管线用 B-Rep 表示法进行三维表达,而地上建筑物内部管线为 BIM 模型,最后在基于实景模型和 BIM 融合的阜新市 3DGIS 平台的三维场景中将各类模型匹配,完成地上、地下整体管网三维模型的构建。阜新市管线构建技术流程如图 4-26 所示。

将混合式数据集成于同一 GIS 平台中,核心是将各类不同数据结构和不同建模软件生成的三维模型精确匹配。对于管线、管件及附属物的匹配,利用可视化参数修改管件模型的空间位置,实现管件与管线的三维模型匹配。在 3ds Max 中生产管点模型后,利用相应的插件导入 SuperMap 制作管点符号库,通过设置各类管件编号完成匹配。将管网三维矢量图导入球面场景,按照管点、管道对应的 Symbol ID 导入三维模型,同时利用可视化参数,分别设置管件模型的旋转角度和缩放比例,使管件接口与管道模型精确匹配。将这些模型全部放置在球面场景中,实现城市地下三维管网的构建。

根据规划设计的 CAD 图纸,利用 Revit 软件进行建筑物 BIM 建模,包括建筑物内部各

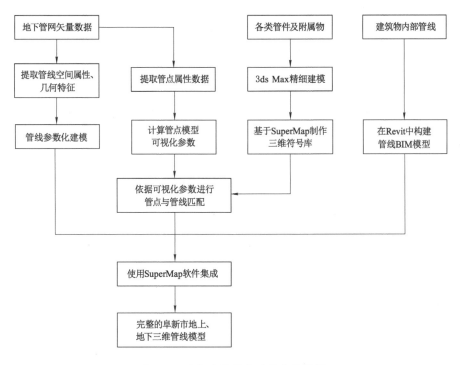

图 4-26 阜新市管线构建技术流程图

类管线设施、通风口、电路线等,工作量较大且要求精度高。由于管线位于建筑物墙体内部,所以建筑整体框架与管线模型需要分别进行 Revit 建模。将建筑物内部管线模型导入 SuperMap iDesktop10i 软件工作空间中,需要对建筑内部管线模型进行位置调整以及地下管线与建筑内部管线模型的组合匹配。各类建筑内部管线模型与地下管线的位置匹配关系,可先通过单个部件尝试与地下管线进行匹配,计算精确的经、纬度差值,再通过管件模型整体偏移实现全部部件与地下管线整合。室内外给水管线连通效果如图 4-27 所示。

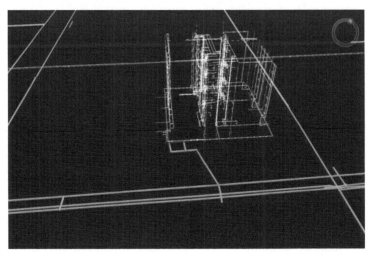

图 4-27 室内外给水管线连通效果图

5 多源数据的模型构建方法

5.1 纹理精细化的实景三维模型构建相关技术研究

5.1.1 几何校正

传感器采集到的原始相片一般都存在几何畸变,需要通过一系列的数学模型来改正和消除几何畸变,使其达到建立实景三维模型的标准。要进行几何校正,首先要明确引起影像几何畸变的种类。

(1) 径向畸变

径向畸变一般是指机载传感器镜头的制造工艺造成的导致光线在进入镜头时顺着透镜半径方向的变形。

径向畸变的改正数学模型如式(5-1)所示。

$$\begin{cases} \Delta x_r = (x - x_0)(k_1 r^2 + k_2 r^4 + k_3 r^6) \\ \Delta y_r = (y - y_0)(k_1 r^2 + k_2 r^4 + k_3 r^6) \end{cases} \tag{5-1}$$

式中 $r^2 = (x - x_0)^2 (y - y_0)^2$;

(x_0, y_0)——像点的实际位置;

(x, y)——像点畸变后的位置。

(2) 切向畸变

切向畸变是透镜不完全平行于图像平面而产生的,其产生的像点位移方向与径向畸变垂直。

切向畸变的改正模型如式(5-2)所示。

$$\begin{cases} x_1 = p_1 [r^2 + 2(x - x_0)^2] + 2p_2(x - x_0)(y - y_0) \\ y_1 = p_2 [r^2 + 2(y - y_0)^2] + 2p_1(x - x_0)(y - y_0) \end{cases} \tag{5-2}$$

式中 p_1, p_2——切向畸变参数。

无人机搭载的相机造成的畸变主要是由径向畸变和切向畸变造成的。通过对相机进行检查校准,就可以获取相机内方位元素及镜头畸变参数,从而实现对影像畸变误差的更正。

5.1.2 POS 辅助区域网联合平差

GPS 是 POS 辅助光束法平差的重要组成部分。通过将 RTK 安装在无人机上,在飞行中获取摄影瞬间的无人机的坐标,将该坐标作为相机的位置信息初值加入空三解算中。

影像的外方位元素需要通过对不同的影像在一定的区域内进行联合平差的解算并进行空三解算。区域网平差的所有方法中最常用的是光束法,该方法是以共线方程为基础,将图像的像点位置作为平差的已知值,将光束(相片)作为平差单元来求解影像的外方位元素。

通过摄影瞬间的物点、摄影中心、像点三点构建共线模型,如图 5-1 所示。

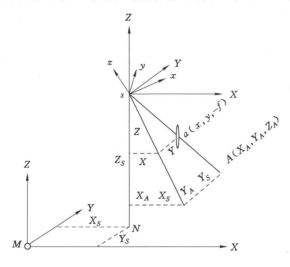

图 5-1　共线模型

可列出共线条件方程:

$$
\begin{cases}
x - x_0 = -f\,\dfrac{a_1(X-X_S)+b_1(Y-Y_S)+c_1(Z-Z_S)}{a_3(X-X_S)+b_3(Y-Y_S)+c_3(Z-Z_S)} \\[3mm]
y - y_0 = -f\,\dfrac{a_2(X-X_S)+b_2(Y-Y_S)+c_2(Z-Z_S)}{a_3(X-X_S)+b_3(Y-Y_S)+c_3(Z-Z_S)}
\end{cases}
\tag{5-3}
$$

式中　(X_S,Y_S,Z_S)——外方位线元素,对应的实际坐标为(X,Y,Z);

f——焦距;

$a_i,b_i,c_i(i=1,2,3)$——外方位角元素。

在如今的无人机倾斜摄影测量中一般将 POS 数据作为外方位元素的初始值和约束条件。平差计算后可以得到相片外方位元素和加密点的物方坐标[56]。

光束法平差计算的流程:

① 由 POS 数据给出每张相片的外方位元素的近似值和所有加密点地面坐标的近似值。

② 列出加密点和控制点原始误差方程。

光束法的原始误差方程如式(5-4)所示。

$$
v = \begin{bmatrix} a_{11} & a_{12} & a_{13} & a_{14} & a_{15} & a_{16} \\ a_{21} & a_{22} & a_{23} & a_{24} & a_{25} & a_{26} \end{bmatrix}_{ij}
\begin{bmatrix} \mathrm{d}X_S \\ \mathrm{d}Y_S \\ \mathrm{d}Z_S \\ \mathrm{d}\varphi \\ \mathrm{d}\omega \\ \mathrm{d}\kappa \end{bmatrix}
+ \begin{bmatrix} -a_{11} & -a_{12} & -a_{13} \\ -a_{21} & -a_{22} & -a_{23} \end{bmatrix}_{ij}
\begin{bmatrix} \mathrm{d}X \\ \mathrm{d}Y \\ \mathrm{d}Z \end{bmatrix}_i
- \begin{bmatrix} lx \\ ly \end{bmatrix}_{ij}
$$

$$
\tag{5-4}
$$

矩阵形式如式(5-5)所示。

$$A_{ij}\Delta_j + B_{ij}\dot{\Delta}_i - l_{ij} = v_{ij} \tag{5-5}$$

式中　i——点的序号；

　　　j——相片序号。

③ 在最小二乘条件下整体平差,确定每张相片的外方位元素近似值的改正数和每个加密点的地面坐标近似值的改正数。

④ 利用改正数来修正坐标。

⑤ 重复步骤②～④,进行迭代解算,求出各相片的外方位元素和加密点的地面坐标。

5.1.3　多视影像密集匹配技术和 TIN 网构建

平差获取影像精确的内外方位元素后,需要进行多视影像间逐像元的密集匹配,来获取超高密度的点云数据。而空三解算生成的连接点和对应的密集点匹配算法是必需的。该过程是从二维的照片和 POS 数据到可视化的三维数据的重要过程。该过程的实质是匹配影像之前的同名点,利用特征提取来进行同名点匹配,过滤影像的冗余信息后根据同名点坐标生成超高密度的三维点云数据[57]。

目前密集匹配算法的步骤是:

① 利用运动恢复结构算法(SFM)得到影像的外方位元素。

② 利用多视图聚簇算法(CMVS)对步骤①的结果进行聚簇分类。

③ 利用密集匹配算法(PMVS)对步骤②的结果进行密集匹配获得高密度点云。

利用通过影像密集匹配获取到的三维点云数据构建不同层次的不规则三角网格(Triangulated Irregular Network,TIN)模型,其结构及密度与真实地物的结构有关。三维 TIN 网格构建过程中使用规则网格法会造成数据冗余,用其表示数字高程模型可以有效降低数据的冗余。利用采样点的离散程度,采用优化组合方法将离散点连接形成连续的三角网。

5.1.4　纹理映射技术

纹理映射的本质是通过建立二维空间点到三维空间点的对应关系,将相应颜色映射到三维物体表面来获得具有真实纹理的三维模型的效果。

纹理映射方法一般分为正向映射、逆向映射及两步纹理映射。前两种方法的实质是纹理空间与屏幕空间的项目映射,正向映射是由纹理空间直接到屏幕空间的映射,而逆向映射是由屏幕空间以仿射变换表示到纹理空间的映射关系,二者都具有计算简单的特点。而两步纹理映射的核心是寻找到一个合适的中间曲面,先将纹理映射到中间曲面上,再由中间曲面映射到三维模型表面,很好地避免了在纹理映射过程中物方表面的重新参数化。

纹理映射的实现一般分为纹理获取、定义纹理映射函数、利用映射函数实现二维纹理到三维实体的转换和反走样处理四个步骤,如图 5-2 所示。

```
┌──────────┐
│  过程纹理  │
└──────────┘
     │
     ▼
┌──────────┐      ┌──────────────┐      ┌──────────────────┐      ┌──────────┐
│ 获取纹理数据 │ ──▶ │ 定义纹理映射函数 │ ──▶ │ 利用映射函数实现二维  │ ──▶ │ 反走样处理 │
└──────────┘      └──────────────┘      │ 纹理到三维实体的转换 │      └──────────┘
     │                                  └──────────────────┘
     ▼
┌──────────┐
│ 航摄相片中提取 │
└──────────┘
```

图 5-2　纹理映射步骤

5.2　空地融合构建纹理精细化实景三维模型

5.2.1　纹理精细化实景三维模型构建

本次空地融合实验采用 ContextCaptureCenter 软件进行空三计算和模型输出。该软件具有自动化程度高、多 GPU 协同模型构建等优点，可以极大提高建模效率。

将预处理后的相片和 POS 数据导入软件中后需要设置好相机的焦距、传感器尺寸、坐标系等，这些参数的设置直接影响空三的精度。该软件进行空三的过程实际上就是获取同名点的过程。为了保证空三的精度，在第一次空三成功后需要添加控制点，本次实验中在靠近历史建筑地区选择无高差、易分辨的特征点作为像控点，选择像控点远离边缘的清晰相片进行测点，通过平差计算获取空三的精度报告。图 5-3 为加入控制点后空三的质量报告。

Project:	shuitacccc
Number of photos:	1944
Ground coverage:	182433.6 square meters
Average ground resolution:	4.25092 mm/pixel
Scale:	1 : 13
Camera model(s):	DJI FC6310R
Processing date:	2022/11/2 17:14
Processing time:	34min 15s
Quality Overview	
Dataset:	1939 of 1944 photos calibrated (100%)
Keypoints:	Median of 31379 keypoints per image
Tie points:	468871 points, with a median of 1682 points per photo.
Reprojection error (RMS):	0.56 pixels
Positioning / scaling:	Georeferenced using control points

图 5-3　空中三角测量质量报告

空三后的结果如图 5-4 所示。

在检查完空三后就可以构建模型，使用 ContextCaptureCenter 软件建立模型时分为两个模块：控制端和引擎端。控制端是指软件的主界面，其主要作用是记录模型构建任务并设置参数、提交分块任务并监控任务等。控制端不会进行模型任务的处理。引擎端主要负责

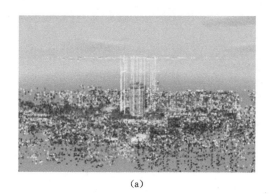
(a)

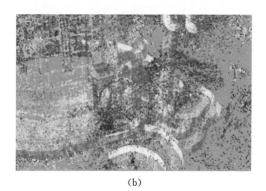
(b)

图 5-4　空中三角测量后的 3D 视图

对控制端分配的任务进行处理,由于引擎段可以有多个,在设备足够的情况下,在局域网内可进行多引擎同时处理不同模型区块,极大提高了模型构建的效率。

在实景模型构建过程中,纹理映射是展示"实景"的关键。自动纹理映射的出现替代了传统采集相片后先对相片进行纹理提取再进行映射这种费时费力的方式。由于无人机机载相机具有较高的分辨率,进行贴近摄影测量的拍摄距离较短,获取到的纹理细节程度也较高,通过 ContextCaptureCenter 软件中的自动纹理映射,可以很方便地以高分辨率纹理覆盖低分辨率纹理。图 5-5 为部分实景三维模型的细部纹理。

(a) 西山水塔

(b) 校园中心

(c) 新邱火车站

图 5-5　精细化纹理的模型细部展示

5.2.2 模型分析

空地一体化融合建模精度和质量受多种因素的影响,如像控点布设的密度、无人机搭载相机参数、无人机机载 RTK 精度、天气等。本次模型分析分为模型的精度分析和模型的质量分析。

(1)模型精度分析

模型精度在现场人工实测。通过对外业实测检查点坐标与模型坐标进行对比分析,由于建筑物模型较小,选择靠近建筑物的地面特征点作为检查点,以像控点的测量方式进行检查点测量,在摄影测量系统中加载模型并多次量测检查点坐标并取平均值,以降低人为因素干扰。误差统计见表 5-1。

表 5-1　误差统计表

序号	检测点号	$\Delta x/\text{cm}$	$\Delta y/\text{cm}$	$\Delta H/\text{cm}$
ST1	JCD1	-2.9	-1.1	5.2
ST2	JCD2	-2.8	-1.5	2.5
ST3	JCD3	-1.5	-3.7	-3.1
ST5	JCD5	0.8	-2.1	-5.6
ST5	JCD5	-2.7	3.6	3.2
HCZ1	JCD6	0.2	-5.0	-0.8
HCZ2	JCD7	-2.5	2.9	-5.9
HCZ3	JCD8	-1.7	1.3	-2.1
HCZ5	JCD9	-7.9	-0.3	3.1
HCZ5	JCD10	2.8	0.9	-2.1

根据坐标差值列出点位中误差公式:

$$m_x = \sqrt{\frac{1}{5}\sum_{i=1}^{5}\Delta x_i^2} \tag{5-6}$$

$$m_y = \sqrt{\frac{1}{5}\sum_{i=1}^{5}\Delta y_i^2} \tag{5-7}$$

$$\sigma = \sqrt{m_x^2 + m_y^2} \tag{5-8}$$

$$m_z = \sqrt{\frac{1}{5}\sum_{i=1}^{5}\Delta H_i^2} \tag{5-9}$$

将误差值代入公式计算:西山水塔中 x 轴中误差为 2.62 cm,y 轴中误差为 2.62 cm,点位中误差为 3.58 cm,高程中误差为 3.86 cm。新邱火车站中 x 轴中误差为 3.97 cm,y 轴中误差为 2.32 cm,点位中误差为 5.60 cm,高程中误差为 2.95 cm。根据《三维地理信息模型数据产品规范》(CH/T 9015—2012),其精度高于 1∶500 地形图模型平面精度小于 0.3 m、高程精度小于 0.5 m 的精度要求。

(2)模型质量分析

模型质量一般从点云数据、实景三维模型结构、纹理三个方面进行对比分析。对比发现:融合后的实景三维模型点云密集程度得到极大提高,实景三维模型纹理更细腻。

由图 5-6 所示点云数据对比来看,经过空地一体化后生产的空三点云[图 5-6(b)]比单纯倾斜摄影测量生产的空三点云[图 5-6(a)]更密集,在有遮挡区域,空地一体化后的点云数据更丰富,可以完整表示被遮挡区域。

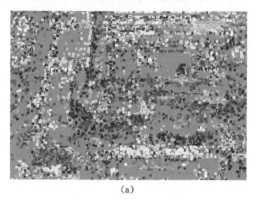
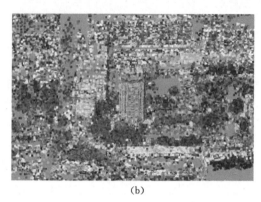

(a)   (b)

图 5-6   空地一体化前、后空三加密点云数据对比

由图 5-7 可以看出:经过空地一体化后生产的模型[图 5-7(b)]结构比空地一体化前的模型[图 5-7(a)]结构更细腻,三角网更密集。

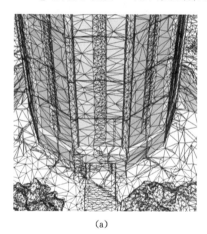

(a)   (b)

图 5-7   空地一体化前、后三角网模型对比

由图 5-8 可以看出:经过空地一体化后生产的白模[图 5-8(b)]表面比空地一体化前的白模[图 5-8(b)]表面更平整,结构更清晰。

由图 5-9 可以看出:经过空地一体化后的模型纹理[图 5-9(b)]比空地一体化前的模型纹理[图 5-9(a)]明显更加清晰。

由以上对比可以看出:空地一体化建立的模型质量比常规倾斜摄影测量构建的实景三维模型质量更好。

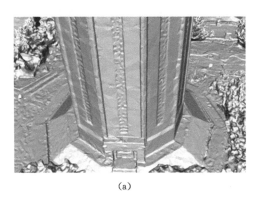 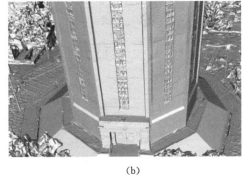

(a)　　　　　　　　　　　　　　　(b)

图 5-8　空地一体化前、后白模模型对比

(a)　　　　　　　　　　　　　　　(b)

图 5-9　空地一体化前、后模型纹理对比

5.3　点云辅助逆向构建 BIM 模型

Revit 软件是现今创建 BIM 模型应用最广泛的一款软件,不仅可以记录建筑工程中的所有信息,还具有实时联动功能,修改一个地方,其他地方都会自动更新。Revit 通过建模可以对建筑物各部分进行分析,并且具有渲染和协同工作等功能,因此能提高工程效率和精确辅助工程进行。

构建历史建筑 BIM 模型的流程如图 5-10 所示。

5.3.1　BIM 模型精度

BIM 模型的精度是指模型中工程构件的精度,2017 年住房和城乡建设部颁发了《建筑信息模型施工应用标准》(GB/T 51235—2017),明确了三维模型的精度等级,将模型细致程度划分为 LOD300、LOD350、LOD500、LOD500 四个级别。根据该标准,结合本次项目的相关需求,BIM 模型精度等级要求设置为 LOD350。该模型可以用于碰撞检查分析、施工优化管理和可视化。

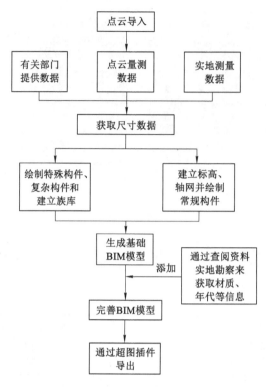

图 5-10　点云辅助构建历史建筑 BIM 模型流程图

5.3.2　点云辅助构建 BIM 模型

在 Autodesk ReCap 中的点云数据修整后可以直接导出 rcp 和 rcs 格式的点云数据,这两种数据可以在 Autodesk 全域软件中使用。以西山水塔为例,图 5-11 为导入点云数据后的 Revit 界面。

图 5-11　点云数据导入 Revit 软件后的界面

点云数据作为辅助可以充分利用其精度较高的特点。经过去噪、赋色后的点云几乎可以反映目标建筑的所有几何信息,在 BIM 模型构建过程中几乎无须查看其他数据就可以快速准确地建立相应的 BIM 模型。

利用点云数据可以清晰地绘制标高和轴网,如图 5-12 和图 5-13 所示。

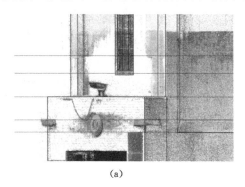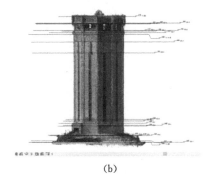

(a)   (b)

图 5-12　标高绘制

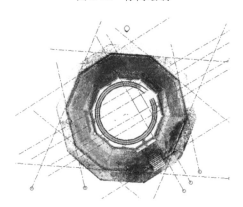

图 5-13　绘制建筑物轴网

5.3.3　建筑物墙体构建

BIM 模型制作中,墙体的构建是基础。绘制墙体时根据有关部门提供的墙体材质信息,依靠模型量测功能,跟踪点云中对应的点来对墙体进行绘制并录入属性。墙可分为建筑墙、承重墙、面墙等(图 5-14)。根据不同的用处选择不同的墙体种类。

新建的墙体根据点云放到相应的位置,根据有关部门提供的墙体材质、厚度等资料对墙体的属性进行设置(图 5-15)。对于复合型墙,需要对墙体中间的夹层厚度等属性进行设置,以确保 BIM 模型的仿真精度。

5.3.4　建筑物内部构建

相比仅可用于可视化漫游的实景三维模型,包含内部结构信息的 BIM 模型是建立历史建筑模型信息档案所必需的,模型内部的构建一般利用标高完成,通过对楼板设置标高,在相应的标高界面绘制俯视图,设置底部约束和顶部约束,即可构建建筑物内部的结构。

建筑物的内部尺寸依据为实地量测或由政府有关部门提供,通过量测值与采集点云数据之间的距离,利用数学计算,首先确定轴网的位置,以轴网确定内部构筑物位置,放置构筑物(图 5-16)。

图 5-14　墙体类别

图 5-15　墙体类型属性录入

5.3.5　创建族库

历史建筑以其独特的建筑结构承载了历史文化气息,这就意味着极大一部分的建筑结

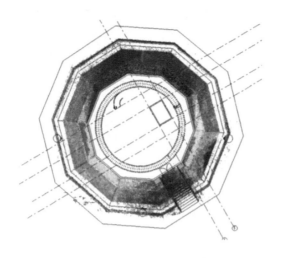

图 5-16 房屋内部及楼梯构筑物模型构建

构在现有的族库中几乎无法找到,创建历史建筑独有的族库成为必需。利用 Revit 的族编辑器创建建筑物特有的族构件,可以方便后期的调取使用,提高效率。族库的建立在一定程度上相当于建立历史建筑的结构库,在后期的维护和改建工程中,对建筑物的某个部分进行改动仅需要对族库中对应的族进行改动。在项目中与其相同的族的构件都会自动更新,使模型管理更加方便、快捷,管理信息更加规范。在 Revit 中族与项目的关系如图 5-17 所示。

图 5-17 Revit 项目与
族的关系

在西山水塔中,水塔的 10 个面均有一扇高 22 m、宽 1 m 的窗户,在现有的窗体中找不到相应的族,如此就必须对这个窗户建立仅适用于该历史建筑的对应窗体族,并记录材质、属性等(图 5-18)。

图 5-18 特殊窗体建立族库

不仅仅是窗户,水塔的建筑外墙体和内墙体中均有该建筑物独有的墙体结构,如外墙体上的 11 根装饰柱,每根柱子裸露部分长度、宽度、高度分别为 30 cm、22 cm、2 m,相邻 2 根方柱距离为 20 cm(图 5-19)。

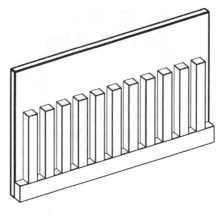

图 5-19　水塔上端外装饰族

族库的建立为历史建筑后期的维护、修建等工作节省了大量时间。由于点云的辅助,在建立族库过程中族尺寸的量测也变得更加简单,从而降低了族的构建难度(图 5-20)。

名称	修改日期	类 ^	预览
水塔装饰2.rfa	2022/10/20 17:16	Au	
水塔装饰1.rfa	2022/10/20 12:15	Au	
水塔外装饰.rfa	2022/10/20 10:29	Au	
水塔顶装饰222.rfa	2022/10/20 21:49	Au	
水塔顶装饰222.0001.rfa	2022/10/20 18:20	Au	
水塔顶装饰.rfa	2022/10/20 18:09	Au	
水塔顶装饰.0001.rfa	2022/10/20 18:00	Au	
水塔顶部装饰3.rfa	2022/10/20 21:49	Au	
水塔顶部装饰3.0002.rfa	2022/10/20 21:39	Au	
水塔顶部装饰3.0001.rfa	2022/10/20 18:59	Au	
水塔顶部窗户.rfa	2022/10/21 10:00	Au	
水塔顶部窗户.0001.rfa	2022/10/21 9:58	Au	
水塔窗户.rfa	2022/10/17 20:46	Au	
水塔窗户.0008.rfa	2022/10/17 19:54	Au	

图 5-20　西山水塔部分族库

5.3.6　BIM 模型输出

BIM 包含建筑物的属性及空间信息,包括外观形状等。常规的 BIM 模型输出主要用于建筑物设计规划等,这种模型格式并不可以直接应用到 3DGIS 中。为实现 BIM 模型与 3DGIS 的结合,本书选用超图公司的 Revit 插件进行 BIM 的格式转换,导出格式为 Super-Map 可用的数据源格式。其转换方式如图 5-21 所示,导出参数设置如图 5-22 所示。

图 5-21　BIM 数据转换方式

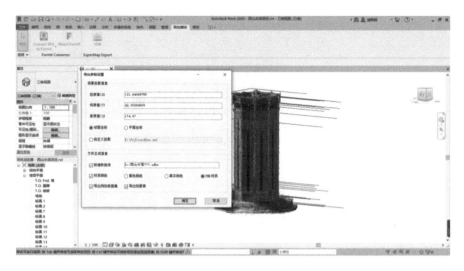

图 5-22　BIM 导出参数设置

6 基于 SuperMap 二次开发的阜新市 3DGIS 平台实现

6.1 GIS 二次开发平台

6.1.1 GIS 平台的选择

由于地理信息系统的飞速发展,GIS 软件作为核心技术平台备受关注。主流国外地理信息系统平台有 ArcGIS 软件、ArcInfo 系列、MapInfo 软件等。相比之下,国内的地理信息系统虽然研发时间较短,但是发展迅猛且前景良好。北京超图公司推出的 SuperMap 已成为亚洲领先的地理信息系统平台[38]。表 6-1 是对主流 GIS 平台的比较。

表 6-1 GIS 平台比较

GIS 平台	优点	缺点
ArcGIS	数据分析和数据处理能力较强;可实现共享,采用 COM 体系结构,易实现集成;检索高效、网络负荷低;系统具有模块化和可伸缩的特性,灵活易操作;管理数据库高效,安全性高;对空间数据的检索高效和网络负荷较低	价格较高;数据库维护较烦琐
MapInfo	数据统计分析功能强,与地图结合紧密;数据安全性高	空间分析能力弱;编辑能力弱
SuperMap	全自主开发,功能强大,开放程度高,集成能力强,数据安全,性能稳定,拥有最底层技术支持和服务,拓扑处理能力强大,空间分析功能完善,可二次开发,符合中文用户习惯	功能扩展较弱;大数据存取速度较慢

综上所述,考虑到 SuperMap 软件分析功能强大、平台稳定性高、二次开发便捷、有强大的空间数据库管理能力、价格符合要求,最终选择 SuperMap 软件作为系统开发平台。

6.1.2 SuperMap 软件体系结构

SuperMap GIS 由北京 SuperMap 软件股份有限公司研发,具有完全自主知识产权的大型地理信息系统软件平台[39],包括组件 GIS 开发平台、移动 GIS 开发平台、桌面 GIS 平台等及相关的空间数据生产、加工和管理工具[39]。SuperMap GIS 已成为产品门类齐全、功能强大、满足各类信息系统建设的 GIS 软件[40]。SuperMap GIS10i 软件体系架构如图 6-1 所示。SuperMap iDesktop 框架示意图如图 6-2 所示。

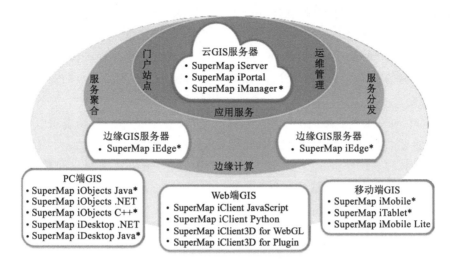

图 6-1 SuperMap GIS10i 软件体系架构图

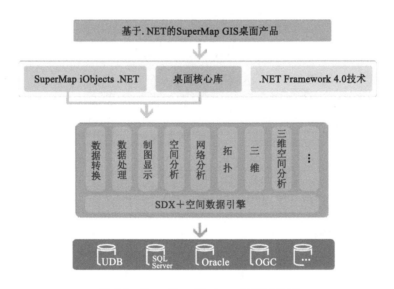

图 6-2 SuperMap iDesktop 框架示意图

6.1.3 SuperMap iObjects 二次开发

SuperMap iObjects.NET 是基于 Microsoft 的.NET 技术开发的产品,基于 SuperMap 共相式 GIS 内核开发的组件式开发平台[41]。SuperMap iObjects.NET 支持所有.NET 开发语言,如 C♯、VB.NET、C++/CLI 等。SuperMap iObjects.NET 10i 具有丰富的、强大的 GIS 功能,可用来构建处理地图和地理信息的系统[42]。

6.1.4 SuperMap SDX＋空间数据引擎

空间数据引擎(SuperMap SDX＋)由北京 SuperMap 公司研发,是一种储存并管理空间数据库的中间件技术。随着对海量空间数据的存储和处理的能力快速提升,SuperMap

SDX＋已成为一个功能齐全、浏览快速的空间数据通道。用它将空间几何对象和属性数据一体化存储到多种关系型数据库中,实现数据的追加、更新、删除等操作,以及空间索引的自动维护与更新[43],同时依据属性条件或空间条件来对数据进行各种查询并返回所需数据。在对空间大数据的支持方面,Super Map SDX＋能够轻松实现对 TB 级的矢量和栅格数据的存储和管理[44]。

SuperMap SDX＋目前提供了四叉树索引、R 树索引、图库索引和动态索引[46]。四叉树采用改良的希尔伯特编码,对空间数据进行编码,采用数据和索引的一体存储方式[46]。R 树索引是 B 树在多维空间的扩展,提高索引查询效率,索引数据和空间数据分开存储。SuperMap SDX＋空间数据引擎具有以下特点。

(1) SuperMap SDX＋支持多样的数据模型

SuperMap SDX＋有三大类引擎:数据库型引擎、文件型引擎和 Web 引擎[38]。Super-Map SDX＋的数据库型引擎基于关系型数据库管理系统,存储和管理空间数据。它不但兼容各类国内、外数据库,而且对于开源数据库支持 MySQL 和 PostgreSQL。PostgreSQL 在科研领域有广泛的用户群,MySQL 作为小型开源数据库,符合低成本中小型 GIS 应用的需求,如图 6-3 所示。

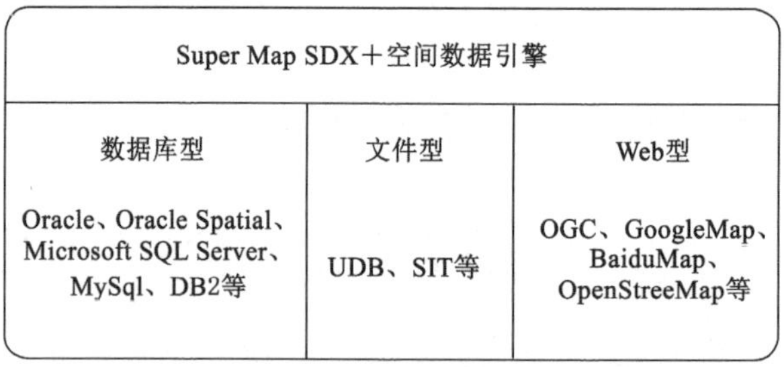

Super Map SDX＋空间数据引擎		
数据库型	**文件型**	**Web型**
Oracle、Oracle Spatial、Microsoft SQL Server、MySql、DB2等	UDB、SIT等	OGC、GoogleMap、BaiduMap、OpenStreeMap等

图 6-3　SuperMap SDX＋数据库型引擎类型

(2) 多样化的文件缓存

文件缓存技术降低了空间数据传输对网络速度的依赖,提高显示效率和查询速度。对影像数据采用高性能的压缩技术,减少磁盘占用;为矢量数据提供了有损和无损两种压缩方法。

(3) 统一的数据访问接口

采用虚拟数据引擎技术为 SuperMap SDX＋的上层提供统一的空间数据模型[47],用同一套接口就能访问不同存储平台中的 SuperMap SDX＋存储的空间数据。通过数据引擎技术的扩展,使各类空间信息存储平台与 SuperMap 融合良好,提高了 GIS 综合应用的完整性与灵活性。

6.2　系统总体设计

阜新市 3DGIS 平台主要是面向阜新市的城市综合服务平台,服务于政府规划管理部门、救援应急单位以及普通市民,将整个城市地上、地下展示于基于实景模型和 BIM 融合的三维场景中,并结合二维数据进行补充,实现在真实可靠、可视化、多角度的大场景中虚拟浏览、统筹规划、精确测量、应急救援、物资运输、信息查询等功能,提供基于二、三维一体化的地理信息系统的多方位应用与数据分析,不但节约城市规划建设成本,而且对现有城市设施进行数字化管理,并实现了室内外一体化浏览,城市规划和建筑设计方案与区域已有建筑的综合分析与判断,使工程设计方案更加直观,同时协调周边信息。

系统以阜新市主城区为研究区域,从二、三维一体化空间角度出发,将三维建模技术、数据库技术、Revit 三维仿真技术、实景模型和 BIM 融合技术等与 3DGIS 相结合,利用无人机倾斜模型、地形数据、数字线划图、数字正射影像图、网络模型等二、三维地理信息数据和重点建筑 BIM 模型,通过 SuperMap 提供的基础平台搭建地图场景和球面场景。采用 C/S 构架,通过 VS 2010 开发平台,结合 SQL Server 数据库,使用 SuperMap iObjects. NET 10i 组件进行开发,用 SuperMap SDX＋数据引擎管理空间数据,利用 C♯ 语言构建基于实景模型和 BIM 融合的阜新市 3DGIS 平台。

6.2.1　系统总体架构

构建基于实景模型和 BIM 融合的二、三维一体化的阜新市 3DGIS 平台,不但有利于政府相关部门通过该平台对城市进行全方位三维可视化浏览、查询、管理及分析应用,为城市可持续发展提供决策支持,而且有助于普通市民和社会大众利用该平台了解阜新市的详细情况。该平台不仅服务于城市浏览宣传、区域规划、紧急救援和大型工程管理等领域,同时提升了城市管理的信息化水平。

本系统设计过程中,基于 Windows10 操作系统,采用 C/S 构架,从逻辑上将系统分为用户层、应用层、平台支撑层、数据层、基础设施层[49],如图 6-4 所示。

6.2.2　功能模块设计

基于实景模型和 BIM 融合的阜新市 3DGIS 平台根据实际需求,主要分为六大模块:基础模块、地图场景模块、二维分析模块、球面场景模块、三维分析模块和系统管理模块,其功能设计如图 6-5 所示。系统主界面由二维地图控件和三维地球控件等组成,主界面如图 6-6所示。

6.3　数据库设计

6.3.1　城镇建筑物及三维产权体数据库设计

城镇建筑物属性数据包括宗地的属性信息,如宗地面积、地籍号、坐标位置信息等,以及社会属性,如权利人、批准用途、证件编码等。三维产权体是基于某一建筑物,根据不同权利人进行划分,其本质是对同一建筑物不同权利人的区分,以确定不同权利人的权属空间,例如某小区一单元 1103 号。表 6-2 为建筑物属性表,表 6-3 为三维产权体属性表。

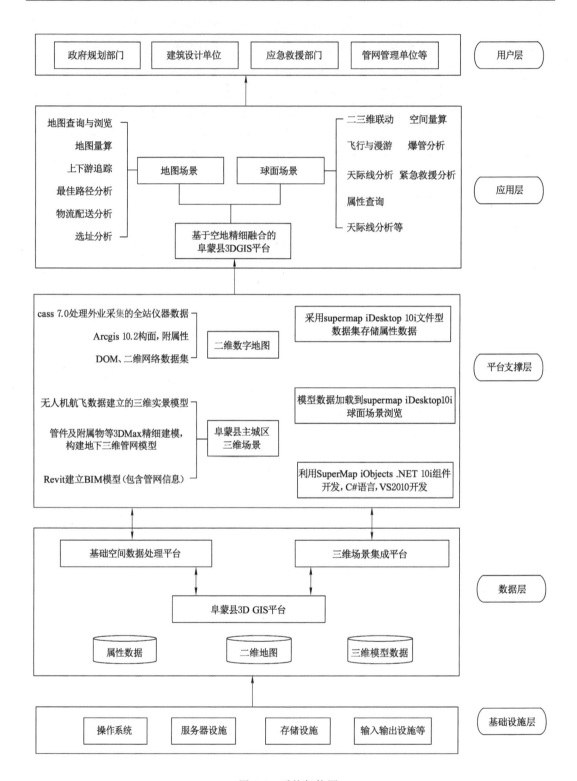

图 6-4　系统架构图

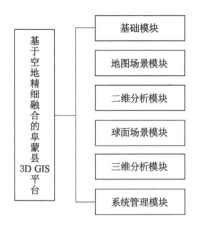

图 6-5　系统功能总体结构

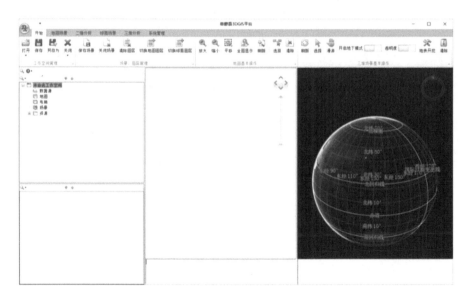

图 6-6　系统主界面

表 6-2　建筑物属性表

序号	名称	代码	类型	长度	小数位数	值域
1	标识码	BSM	Int	10		非空
2	要素代码	YSDM	Char	10		非空
3	地籍号	DJH	Char	19		非空
4	权属单位码	QSDWM	Char	26		非空
5	坐落单位码	ZLDWM	Char	26		非空
6	通信地址	TXDZ	Char	200		非空
7	宗地四至	ZDSZ	Char	200		非空
8	权属性质	QSXZ	Char	4		非空

表6-2(续)

序号	名称	代码	类型	长度	小数位数	值域
9	使用权类型	SY QLX	Char	4		非空
10	土地用途	TDYT	Char	4		非空
11	土地坐落	TDZL	Char	100		非空
12	权利人	QLR	Char	100		非空
13	土地所有权人	TDSYQR	Char	60		非空
14	法人代表姓名	FRDBXM	Char	60		非空
15	法人代表证件号	FRDBZJH	Char	20		非空
16	法人代表电话	FRDBDH	Char	2		非空
17	分类代码	FLDM	Char	8		非空
18	本宗地指界	BZDZJ	Char	60		非空
19	批准用途	PZYT	Char	6		非空
20	行政区代码	XZQDM	Char	12		非空
21	实测面积	SCMJ	Float	19	2	>0
22	建筑密度	JZMD	Float	3	2	[0,1]
23	土地级别	TDJB	Char	30		非空
24	备注	BZ	Char	60		

表 6-3　三维产权体属性表

序号	名称	代码	类型	长度	小数位数	值域
1	标识码	BSM	Int	10		>0
2	地籍号	DJH	Char	19		非空
3	权属单位码	QSDWM	Char	26		非空
4	土地证号	TDZH	Char	60		非空
6	权利人姓名	QLRXM	Char	60		非空
6	权利人电话号	DLRDHH	Char	12		非空
7	房屋坐落	FWZL	Char	100		非空
8	身份证	SFZQLR	Char	20		非空
9	通信地址	TXDZ	Char	100		非空
10	房屋号码	FWHM	Long	60		>0
11	使用面积	SYMJ	Float	16	2	>0
12	建筑面积	JZMJ	Float	16	2	>0
13	备注	BZ	Char	100		

6.3.2　地下管线数据库设计

根据《城市地下管线探测技术规程》(CJJ 61—2017),管线按照功能差异分为工业管线、排水管线、有线电视管线、热力管线、燃气管线、电信管线、电力管线、给水管线及综合管线[48]，其中综合管线是指多种管线的混合管线。通过综合考虑，本书选择供水管线为代表数据，进行阜新市基于实景模型和 BIM 融合的研究。

地下管线数据均由点、线两个要素图层构成，管点和管线的属性结构分别见表 6-4 和表 6-5。

表 6-4　管点属性结构表

名称	别名	类型	长度	补充
Prj_No	测区号	文本	10	
Map_No	图上点号	文本	8	
Exp_No	物探点号	文本	10	
X	X 轴坐标	双精度	10	
Y	Y 轴坐标	双精度	10	
High	地面高程	双精度	7	
Offset	管偏	文本	8	
X_1	由管偏计算的管线 X 轴坐标	双精度	10	
Y_1	由管偏计算的管线 Y 轴坐标	双精度	10	
Code	点符号代码	双精度	6	
Feature	特征	文本	16	
Subsid	附属物	文本	16	
SurfBldg	地面建（构）筑物	文本	16	
Belong	权属单位代码	文本	4	
MDate	建设年代	日期		
TFH	图幅号	文本	10	
SUnit	探测单位代码	文本	4	
SDate	探测日期	日期		
Note	备注	文本	60	

表 6-5　管线属性结构

名称	别名	类型	长度	补充
Prj_No	测区号	文本	10	
S_Exp	起点物探点号	文本	10	
S_X	起点 X 轴坐标	双精度	10	
S_Y	起点 Y 轴坐标	双精度	10	
S_Deep	起点管线埋深	双精度	2	
E_Exp	下一点物探点号	文本	10	
E_X	下一点 X 轴坐标	双精度	10	
E_Y	下一点 Y 轴坐标	双精度	10	

表6-5(续)

名称	别名	类型	长度	补充
E_Deep	下一点管线埋深	双精度	2	
Type	管线种类	文本	8	
Material	管线材质代码	文本	8	
PSize	管径或断面尺寸/mm	文本	20	
Voltage	电压	文本	8	
Pressure	压力	文本	8	
CabNum	电缆条数	双精度	3	
TotalHole	总孔数	双精度	3	
FlowDir	排水流向(0为流向与数字排序相同,1为方向相反)	双精度	2	
Road	道路名称代码	双精度	6	
EmBed	埋设方式	文本	8	
MDate	建设年代	日期		
Belong	权属单位代码	文本	4	
SUnit	探测单位代码	文本	4	
SDate	探测日期	日期		
Note	备注	文本	60	

6.4　系统功能模块详细设计

6.4.1　基础模块

基础模块分为四大部分(图 6-7):(1)对工作空间的管理,如打开、保存、另存为、关闭。(2)对场景的保存和关闭。(3)平台包含地图场景和球面场景两个不同的场景模式,但只存在一个图层管理器,所以需要根据不同需求切换地图图层和球面图层。(3)地图基本操作为放缩、平移、刷新等,以及地图要素的选择、删除。(4)三维基本操作包括刷新场景、选择,也可以利用鼠标实现灵活、交互式的浏览漫游功能,以及开启地下模式和设置透明度。

图 6-7　基础模块

点击工具栏开启地下模式,同时程序默认点击透明度,设置为 60,此时可对地下进行浏览,如图 6-8 所示。单击地表开挖按钮,然后在场景中绘制多边形,单击鼠标右键结束绘制,此时弹出"开挖区域填充设置"对话框,此时可设置所绘制区域的开挖深度、侧面和底面贴图以及贴图模式、重复次数,挖方效果图如图 6-9 所示。单击清除按钮,移除挖方区域。

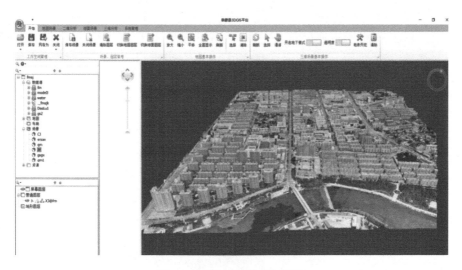

图 6-8　开启地下模式效果图

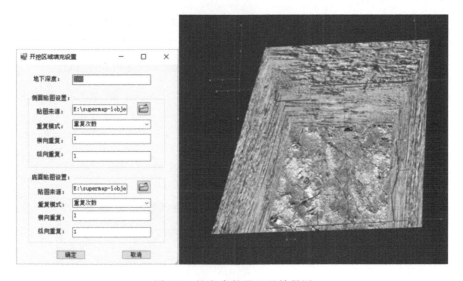

图 6-9　挖方参数设置及效果图

6.4.2　地图场景模块

地图场景模块主要实现了对地图的基本需求操作,分为三大类,如地图的各类测量、各类地图编辑以及地图按所需格式输出(图 6-10)。

图 6-10　地图场景模块

各类地图测量以及坐标显示。地图编辑为绘制点、线、面、文本,增加节点,并对节点编辑修改。以绘制面为例,可以通过在下方文本框中手动输入特征点的坐标进行绘制,而且可以进行符号风格设置,如图 6-11 所示。通过增加节点和移动节点对所绘制图形进行修改,如图 6-12 所示。

图 6-11 绘制面

图 6-12 编辑节点

地图输出功能实现了地图场景中相应的矢量数据、正射影像等地形信息数据的获取,使结果以图形格式保存在计算机中。此功能方便对于地图数据的浏览、查询、存储及变更前后的矢量数据的对比,有利于国土规划部门进行演示汇报工作。地图输出成果以 JPG 格式、PNG 格式、BMP 格式等保存,如图 6-13 所示。

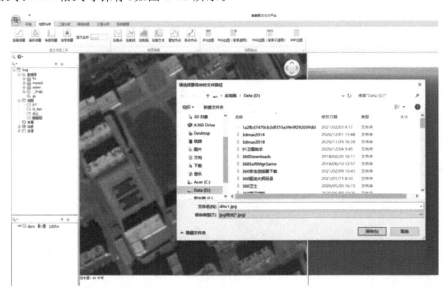

图 6-13　地图输出

6.4.3　二维分析模块

二维分析模块包括路径分析管理模块,位置分析管理模块,设施网络连通性分析模块以及二、三维联动功能模块(图 6-14)。前三个模块都是基于设施网络分析,利用矢量数据构建网络数据集。由于各类数据在网络中流动具有方向性或者其他等级信息,因此建立流向是进行分析的基础。另外,建立分析环境,加载模型,进行设施网络分析。

图 6-14　二维分析模块

6.4.4　球面场景模块

球面场景模块主要有显示模块和三维测量模块两个模块(图 6-15)。(1)显示模块:可以设置显示帧率、开启太阳、设置太阳轨迹、显示阴影和飞行管理。(2)三维测量模块:在三维场景中可测量水平距离、空间距离、依地距离、空间面积、依地面积、高度等。

(1)显示帧率

获取当前场景的帧率,即帧/s,该数值通常用于判断三维场景的显示效率,获取或设置三维场景控件的帧率信息是否可见。其中帧率信息包括平均帧率、最好帧率、最差帧率和三角面数量,如图 6-16 所示。

图 6-15　球面场景模块

图 6-16　显示帧率

（2）开启太阳及设置太阳轨迹

点击开启太阳,使场景内有明暗变化,再次点击可关闭太阳。通过设置太阳轨迹,即所在时区、日期、时间,调节太阳光线,如图 6-17 所示。

（3）三维测量

由于三维实景模型精度不断提高,使得三维测量的结果更精确。三维测量功能使复杂荫蔽地区的测量工作简单、便捷,减少了外业工作量。该功能主要分为依据实景模型和地形数据的距离测量、面积测量。如图 6-18 所示。

6.4.5　三维空间分析模块

三维空间分析分为查询、地形分析、规划决策分析、BIM 模型管理、应急救援(图 6-19)。三维场景中的空间分析能够以可视化的方式显示分析结果,具有各种三维网络分析功能。对于城市给水管线、电力管线、热力管线这一类有流动性的三维网络数据,利用爆管分析,追踪最近应关闭的阀门和影响区域,对于处理突发的管线问题意义重大。针对设计的建筑物 BIM 模型,在浏览模型及其内部结构时,可以对构件进行属性查询。对于应急救援,进行缓冲区分析、紧急救援路径分析以及制订应急预案。

（1）地形剖面分析

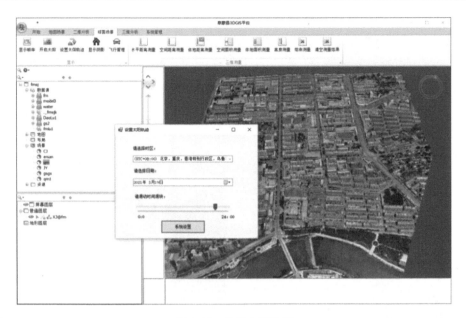

图 6-17　设置太阳轨迹

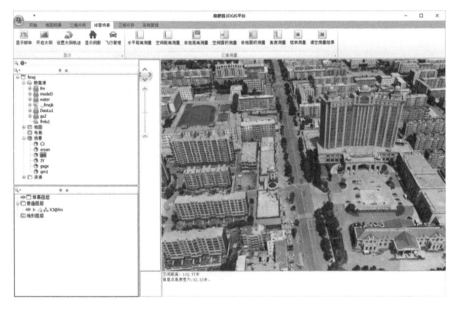

图 6-18　空间距离测量

地形剖面分析是研究在地形某直线方向上的垂直剖面图,在地形图上绘制,显示剖面线上断面地表起伏形态。通过剖面图片可以直观地看出研究区域地面的起伏状况以及坡度的陡缓,常用于施工中平整地表求取土石方量。使用鼠标在 DEM 中画线,从而生成地形剖面图,如图 6-20 所示。

(2)可视域分析

该功能基于地形或模型表面数据,从观察点出发,按照设置的观察点的坐标和水平角等

图 6-19　三维分析模块

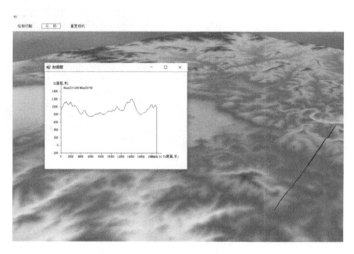

图 6-20　地形剖面分析

参数,分析周围场景中被观察建筑物、构筑物等是否可见,动态体现可视域分析效果。该功能在城市安保、监控等领域有着重要的应用,如图 6-21 所示。

图 6-21　可视域分析

（3）通视分析

通视分析用于测试三维场景中两点之间是否可以通视。通过用户交互操作选择观察点和被观察点,二者可以是一对多的关系,分析结果为连接二者之间的直线段,按照可见与不可见进行划分,同时可以获取障碍点,如图 6-22 所示。

图 6-22　通视分析

（4）天际线分析

天际线是由建筑物、地形地貌和地表各类地物等构成的以天空为背景的轮廓线。天际线是城市设计的关键因素,若高层建筑设计不合理,对城市的整体面貌影响巨大。此功能通过设置天际线显示参数、观察点的位置参数、方向角、倾斜角以及观察半径构建天际线,根据天际线轮廓对规划建筑的位置和高度进行调整,便于城市规划能更便捷地控制天际线,如图 6-23 所示。可实际应用于对城市规划设计中的建筑物限高进行分析以及分析建筑物对天际线的影响等。

图 6-23　天际线分析

6.4.6 系统管理模块

系统管理分为数据库管理和网站查询管理,如图 6-24 所示。数据库管理包括数据库连接以及用户管理,通过连接阜蒙数据的数据库进行查询分析,如图 6-25 所示。将用户大致分为管理员、普通用户、游客,可进行不同种类用户查询,对用户可以进行添加、修改、删除等,如图 6-26 所示。

图 6-24　系统管理模块

图 6-25　数据库管理

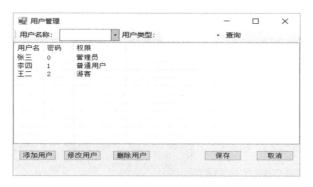

图 6-26　用户管理

网站管理中网站查询可以对各类相关网址进行查询、修改及保存,如图 6-27 所示。通过对不同网址的点击,可以直接跳转到该网站,方便快捷地浏览相关网站。

图 6-27　网站查询

6.5　系统主要功能展示

6.5.1　二维网络分析

（1）最佳路径分析

最佳路径分析是根据目标点数据以及利用距离栅格分析类，通过生成的距离栅格和方向栅格来计算目标到达最近的源的最短路径。在道路网络数据集中设置 2 个或多于 2 个的经过点，也可以设置障碍边或障碍点（左边的点），按照给定经过点的次序找出依次经过这些点的距离最短的路径，如图 6-28 所示。此功能适用于消防车、救护车等紧急救援场景的路线分析，也适用于居民的日常出行路线分析。

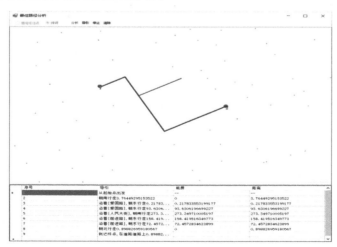

图 6-28　最佳路径分析

（2）最近设施查找分析

最近设施查找分析是指在道路网络数据集上给定一个事件点（中心圆点）和一组设施点（四角的点），可以设置障碍边或障碍点（三角状点），为事件点查找以最短距离能到达的一个或几个设施点，结果为从事件点到设施点（或从设施点到事件点）的最佳路径，如图 6-29 所示。此功能适用于用户查找附件药店、商场、加油站等设施的最佳路径。

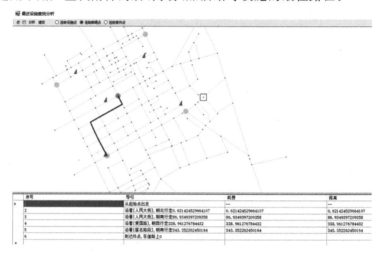

图 6-29　最近设施查找分析

（3）旅行商分析

旅行商分析查找经过指定的一系列站点的路径，可以由用户选择访问站点的次序，选取障碍点或障碍边，目标是旅行路线距离最短，即按照总花费最少的原则决定访问顺序。旅行商分析与最佳路径分析的区别是需要确定最优次序来访问所有点，而并不一定按照给定的经过点的次序，如图 6-30 所示。

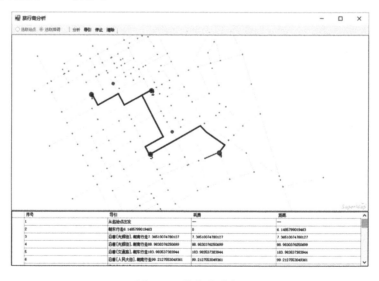

图 6-30　旅行商分析

（4）物流配送分析

在道路网络数据集中,指出配送中心点和目的地,可以设置障碍边或障碍点,分析得出耗费最少的送货路线,同时将路径高亮显示,并给出具体引导。不同的配送目的地需要分析送货的先后次序和具体路线,使配送总距离最短,是物流配送所要解决的问题。通过分析,将不同的物品分配给不同的配送中心,得到最佳的配送顺序和送货路线,从而使该配送路线最合理。点击导引,可以实现路线动态导引,此外,在完成配送任务后,最终会回到配送中心点,如图 6-31 所示。

(6)设施网络分析

设施网络分析主要进行连通性分析和上、下游追踪。对于某个节点(或弧段)来说,网络中的资源最终流入该节点(或弧段)所经过的弧段和节点称为它的上游;从该节点(或弧段)流出最终流入汇点所经过的弧段和网络称为它的下游。上游追踪最常用于辅助定位河流水污染物来源,而下游追踪常用于影响范围的分析。

首先加载水文设施网络,点击选取网络数据集中的节点,单击上游追踪或下游追踪进行分析,当选中节点数大于或等于 2 时,可以单击路径分析按钮进行连通性分析,并查看高亮显示结果,效果如图 6-32 所示。

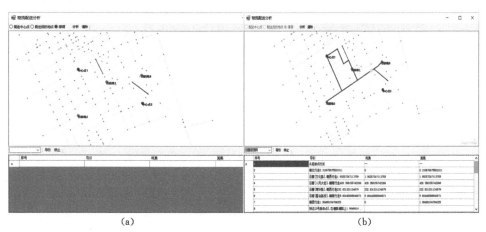

(a)　　　　　　　　　　　　　　　　　(b)

图 6-31　物流配送分析

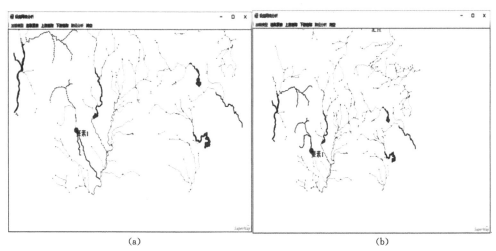

(a)　　　　　　　　　　　　　　　　　(b)

图 6-32　上、下游追踪分析

（6）选址分区分析

选址分区分析是为了确定待建设施的最佳位置,使其按最经济有效的方式为需求方提供服务或商品[60]。选取中心点,设置中心点的最大影像范围及中心点类型,固定中心点为已建成设施,可选中心点为待建设施,分析得出结果,如图 6-33 所示。

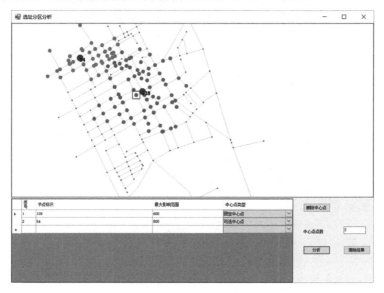

图 6-33　选址分区分析

6.5.2　二、三维联动

二、三维联动功能通过调用 SuperMap iObjects . NET 10i 中的 TrackingLayer3D、SceneControl、MapControl 等类,实现地图场景和球面场景的联动式操作。查看二维地图场景,球面实景模型视角随之移动,同理,二维场景也可以随球面场景位置变化而变化。此外,可以根据默认的飞行路线,在地图窗口和场景窗口中的模型沿线飞行浏览,具体流程如图 6-34 所示。二、三维联动效果如图 6-35 所示。

6.5.3　信息查询

（1）按建筑物查询

当平房或高层建筑为同一个权利人时,按建筑物进行属性信息查询。其原理是将三维实景模型与居民地矢量数据叠加,实现模型单体化,每个建筑物可以利用 ID 号与个人地理数据库中的相应记录一一对应。通过交互式操作来点击场景中的建筑物,高亮表示并查询其名称、宗地号码、坐落位置、具体简介等相关属性信息。具体效果图如图 6-36 所示。

（2）按户查询

当同一建筑物有多个权利人时,可以按户查询,即对三维产权体进行查询。其原理是利用房屋平面图和楼层高度构建三维产权体,将它与实景模型叠加,利用可视化的球面场景,通过交互式工具点击需要查询的三维产权体,高亮并显示相关属性,用户可以对小区各单元楼分层分户进行查询,实现查找各单元楼的具体信息,如户主、户主的身份证号码、房屋性

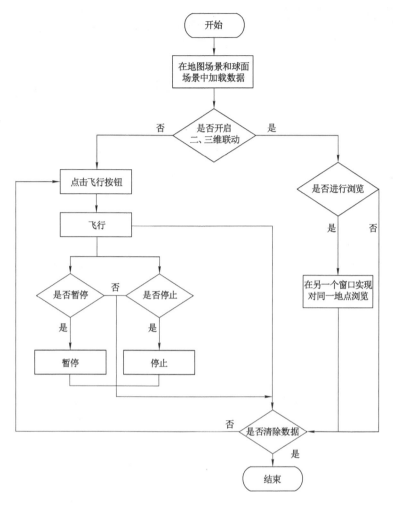

图 6-34　二、三维联动流程图

图 6-35　二、三维联动

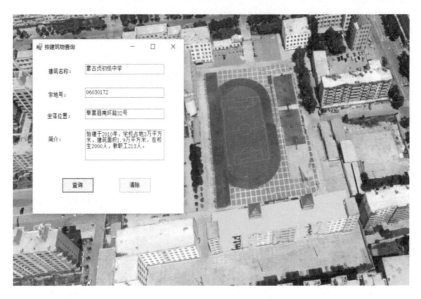

图 6-36 按建筑物查询效果图

质、建筑面积、使用面积、单元号码及地址,便于对各小区住户的管理与查询,效果图如图 6-37 所示。

图 6-37 按户查询效果图

6.5.4 BIM 模型展示及内部构件浏览与查询

(1) BIM 模型展示

BIM 模型和实景模型的融合一方面展示模型的可视化,另一方面展示信息的可视化,通过对 BIM 模型及室内各类构件模型的图形、属性信息查看,详细了解 BIM 模型室内外的位置、外形、属性信息,实现对建筑物的内外一体化查询,为规划分析提供数据支持。效果如

图 6-38、图 6-39 所示,BIM 内部构件属性如图 6-40 所示。

图 6-38　BIM 模型展示

图 6-39　BIM 模型内部浏览

$$R = \{(x, y, z) \mid \min_x \leqslant x \leqslant \max_x, \min_y \leqslant y \leqslant \max_y, \min_z \leqslant z \leqslant \max_z\}$$

（2）BIM 模型内部构件查询

BIM 模型内部构件查询主要包括属性信息、扩展信息、物业信息、关联信息等,通过 BIM 模型及内部构件,不仅实现室内构件及相互位置可视化,还可以快速查询各类构件的

楼板_02_IDC_建筑_1_1@model3 ×　CJ　起始页

序号	ElementID	CategoryID	CategoryN...	TypeID	TypeName	ElementNa...	UniqueID	DocumentT...	Gr...	体积	类型ID	族
1	283981	-2000032	楼板	283983	底板 - 300...	底板 - 300...	431ef5c8-f...	02.IDC_建...	-1	475.851	283983	楼板
2	336.592	-2000032	楼板	339	常规 - 120...	常规 - 120...	9641eaef-7...	02.IDC_建...	-1	405.112	339	楼板
3	390.387	-2000032	楼板	339	常规 - 120...	常规 - 120...	a5ee5f4e-8...	02.IDC_建...	-1	398.238	339	楼板
4	455.860	-2000032	楼板	339	常规 - 120...	常规 - 120...	46699a3f-...	02.IDC_建...	-1	394.978	339	楼板
5	481.932	-2000032	楼板	339	常规 - 120...	常规 - 120...	a0b8d8f2-...	02.IDC_建...	-1	401.071	339	楼板
6	562.966	-2000032	楼板	339	常规 - 120...	常规 - 120...	340b42d5-...	02.IDC_建...	-1	394.603	339	楼板
7	563.460	-2000032	楼板	339	常规 - 120...	常规 - 120...	340b42d5-...	02.IDC_建...	-1	394.622	339	楼板
8	563.952	-2000032	楼板	339	常规 - 120...	常规 - 120...	750bccdc-...	02.IDC_建...	-1	394.841	339	楼板
9	564.447	-2000032	楼板	339	常规 - 120...	常规 - 120...	750bccdc-...	02.IDC_建...	-1	394.541	339	楼板
10	564.942	-2000032	楼板	339	常规 - 120...	常规 - 120...	750bccdc-...	02.IDC_建...	-1	394.630	339	楼板
11	483.095	-2000032	楼板	483.331	常规 - 200...	常规 - 200...	6af41a7c-8...	02.IDC_建...	-1	19.083	483331	楼板
12	483.307	-2000032	楼板	483.331	常规 - 200...	常规 - 200...	6af41a7c-8...	02.IDC_建...	-1	32.931	483331	楼板
13	483.524	-2000032	楼板	486.665	常规 - 10m...	常规 - 10m...	7389e816-...	02.IDC_建...	-1	7.640	486665	楼板
14	486.699	-2000032	楼板	759	常规 - 300...	常规 - 300...	6e503719-...	02.IDC_建...	-1	155.410	759	楼板

图 6-40　BIM 模型构件部分属性

属性信息和其他相关信息,便于对建筑模型内外任意构件进行规划与管理。以某空调箱为例,进行查询,如图 6-41 至图 6-44 所示。

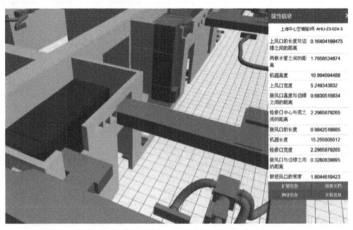

图 6-41　BIM 模型内部构件属性查询

6.5.5　三维缓冲区分析

三维缓冲区分析原理:选择某空间物体,设置边界范围,生成距离该物体设置范围的封闭有界体。构建缓冲体模型是首要任务,线实体的缓冲体为三维空间内设置左、右半径及缓冲体高度形成多边体边界内全部点的集合。通过生成缓冲体,查找在缓冲半径区域内的实体。通常选择轴向包围盒相交判断受影响实体,三维实体包围盒如图 6-45 所示,轴向包围盒具体定义为:

空间相交分析抽象表示为直线缓冲体的相交分析,通过将包围盒投影到三个坐标轴上,通过分析重叠率判别是否相交。当全部坐标轴投影都出现重叠,则二者相交,如图 6-46 所示。

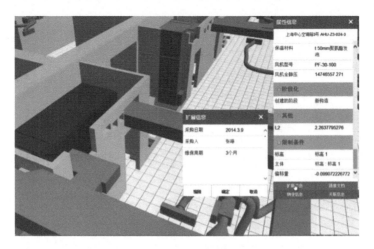

图 6-42　构件扩展信息查询

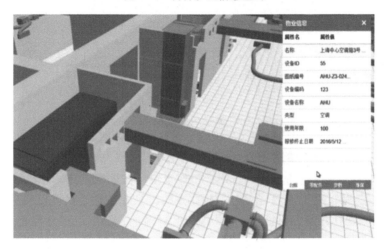

图 6-43　构件物业信息查询

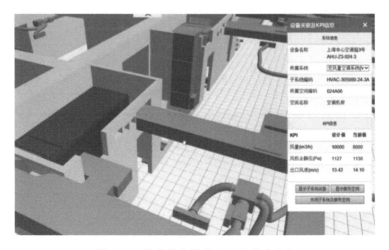

图 6-44　构件设备关联及 KPI 信息查询

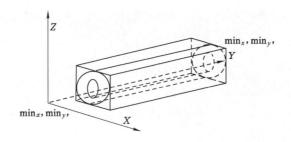

图 6-45　三维实体包围盒示意图

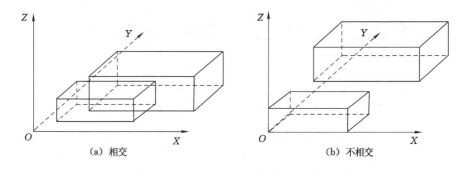

图 6-46　轴向包围盒相交测试

　　三维缓冲区分析是基于道路线要素所构建的缓冲区,以道路中心线为中轴线,分别设置左、右半径构建二维面数据,通过将该二维面按照设定参数进行拉伸,获得三维缓冲区,设置透明度为 60％,流程如图 6-47 所示,效果图如图 6-48 所示。该功能在城市规划、生态保护等领域应用广泛。例如,为了保护环境和耕地,可对湿地、森林、草地和耕地进行缓冲区分析,在缓冲区内不允许进行工业建设。

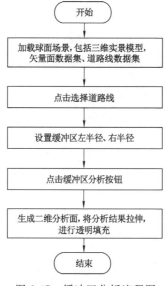

图 6-47　缓冲区分析流程图

图 6-48 缓冲区分析效果图

6.5.6 爆管分析

爆管分析原理:通过构建设施网络模型,生成管网邻接矩阵,依据管网连通分析算法。三维设施网络分析的前提是构建网络数据集,并设置点和线的拓扑关系以及流向,以数字的形式构建真实世界中的网络结构。它通过调用 NetworkBuilder3D、FacilityAnalyst3D、WeightFieldInfos3D 等来实现查询。

以地下管线爆破为例,在构建网络参数设置中分别选择需要构建网络数据集的三维点、线数据集以及打断模式,输入打断容限,构建三维网络(图 6-49)。在构建三维网络数据集

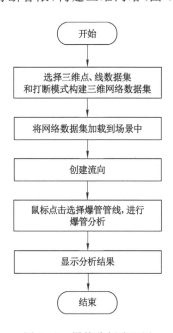

图 6-49 爆管分析流程图

之后,将其添加到球面场景中。因为三维线数据集自身存在流向,因此选择创建流向。最后,在三维场景窗口中选择爆破的管线,查询并展示应关闭阀门和受影响的管段(图 6-50)。

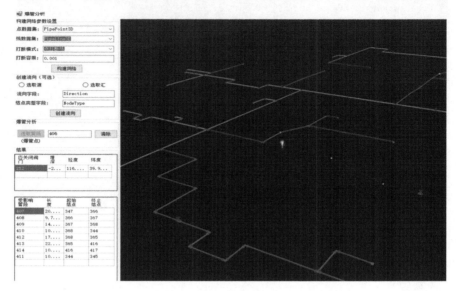

图 6-50　爆管分析

6.5.7　紧急救援分析

紧急救援分析原理:在三维场景中查询最短路径,利用 Dijkstra 算法在道路网络中寻找起点到终点的最短路径,核心思想是记录每个节点到起点的最短路径(图 6-51)。Dijkstra 算法具体介绍如图 6-51 所示,由节点组成的无向图,数字为权重。m 是起点,n 是终点,求二者最短路径及权重最小集合。X 为某节点到起点的距离,P 为该节点前一个节点,Dijkstra 算法具体流程如图 6-52 所示。

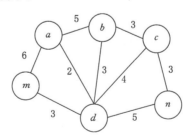

图 6-51　路径示例

紧急救援分析通过选择起点、终点,在三维球面场景中按照构建的网络模型寻求最优路径。首先在球面场景中加载实景模型和道路网络数据集,以火灾救援为例,通过对火灾易发生地的调查与分析,将高层建筑设置为救援终点,利用交互操作在三维场景中选择消防车出发的起始点,通过分析得出三维场景规划中的最佳路径,以黄色高亮显示。点击飞行按钮,以飞行视角沿规划好的路径飞至火灾事发点。图 6-53 为紧急救援流程图,图 6-54 为效果图。

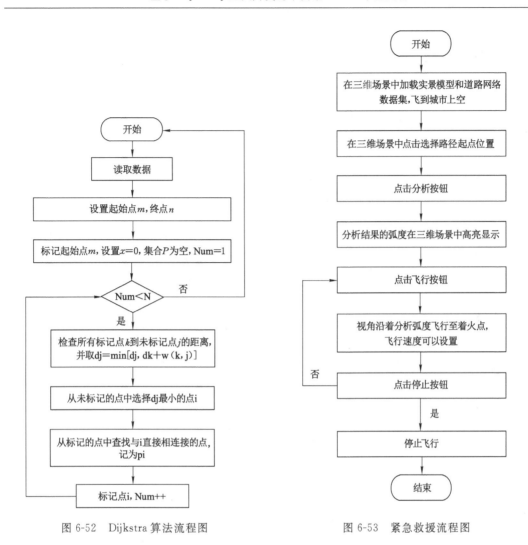

图 6-52 Dijkstra 算法流程图

图 6-53 紧急救援流程图

图 6-54 紧急救援分析效果图

7 阜新市管网 3DGIS 设计与实现

7.1 3DGIS 总体设计

阜新市主城区三维管网智慧化管理平台,服务于政府市政管理部门和各管线相关管理单位。该平台将地上实景模型和地下三维管网融合,宏观展示城市地上、地下结构。结合对管网管理、分析补充,实现可信任、可视化、多角度的虚拟现实场景。该平台可以对管网进行统筹规划、实时监测、动态分析与预测、精确测量、应急救援、信息查询等操作。将二、三维一体化等相关理念带进来后形成多方位应用与数据分析,既节约管网管理成本,也对现有管网及附属设施实现了地上地下全局数字化管理。在服务的同时,"Model+GIS+IoT"体系为管网综合分析与判断提供坚实基础。

综合以上章节工作成果后进行平台开发,采用 C/S 构架并遵循其原理,经 VS2019 开发,结合物联实时数据库与管线单位平台数据库对接,利用 SDX+数据引擎管理空间数据,使用采用编程语言与 SuperMap iObjects. NET 10i 组件进行开发,构建阜新市主城区三维管网智慧化管理平台。

7.1.1 设计原则

管网 3DGIS 技术的可操作性和实用性是该技术能否真正在管网领域得到应用和推广的关键。系统包含三个组成部分:硬件、软件、操作系统,配套软件开发的支持为底层三维管网数据、地表实景数据、专题数据、实时数据。在限制系统可操作性和实用性的诸多因素中,数据质量和应用软件开发质量最为重要。

在管网 3DGIS 开发方面,各类环节面临的情况和需求导致开发方式不同,优势在于成本相对较低,投资预算低,生效时间短,可靠性高。高扩展性适应现状是 3D 管网 GIS 需要满足未来需求变化才能真正高效利用城市系统的先决条件。

管网 3DGIS 平台整体设计遵循系统平台工程的设计思想,应符合科学、合理、经济的总体要求,平台选择主要考虑以下原则和标准:

(1)实用性原则。该平台符合阜新市主城区管网智慧管理的实际需求,应实现对管网的科学管理。

(2)安全性原则。实时数据的链接安全保证了数据库中属性数据的保密性、及时性、准确性和可靠性。平台安全系统应具有严密的加密流程,从而使某些操作或意外事件不会导致数据丢失、被窃。

(3)完整性原则。平台内数据库与实时数据库所支持的空间和属性数据全面且完整,能够满足系统的各种功能需求。

（4）科学规范原则。系统采用软件工程的思想和方法构建,保证系统结构的科学合理,同时系统功能满足土地规划和开发区管理要求,信息编码规范。遵循行业和当地标准。

（5）经济性和可扩展原则。在保证对管网管理功能全面实现基础上,系统应具有良好的用户界面,操作简单,使用户易学易懂。采取分批次方式,兼顾资金投入与当地经济发展、社会变革需要。对此,系统所依赖的平台的经济性和可扩展原则是关键。

构建基于二、三维一体化与"Model＋GIS＋IoT"体系管网 3DGIS 平台,有利于对管网地上地下整体进行三维可视化管理及分析,为城市基础设施可持续发展提供支持,更为城市空间利用、经济建设、发展提供了坚实的基础。该平台不仅服务于管网浏览查询,也为管网实时监测、异常预测、规划选址、应急消防等提供系统服务,同时提升管网管理信息化水平。

平台架构设计过程中,基于 Windows10 操作系统,采用 C/S 构架,从逻辑上分为用户层、应用层、平台支撑层、数据层,如图 7-1 所示。

7.1.2　数据库设计

在管网数据结构设计中,管网数据应结合地形图数据设计,参照国家标准《1∶5 000、1∶1 000、1∶2 000 地形图数字化规范》(GB/T 17160—1997),结合研究区域要素标准,将管网分为七类,数据包含供水、排水、供热、供电、燃气、通信、工业。每类管网分成点、线、注记三层。

二、三维管网基础地理信息属性包括两个部分:一为模型固有数据,如管线类别、用途、埋深、点符号、管材、管径、权属、材料、断面高、工程执照号、敷设日期等;二为实时数据,均来自管网相关单位实时数据库,如管线节点压力、流速、流量、温度、电压、视频监测等相关属性数据。为实现数据融合,需将固定数据与实时数据相结合,融合方法为公共字段链接,基于查询语句对其进行对应链接,以调用物联网信息。

管点属性结构见表 7-1,管线属性结构见表 7-2,部分监测值字段见表 7-3。

表 7-1　管点属性结构表

名称	别名	类型	长度	备注
Type	管点类别	文本	8	管点类别
X	x 轴坐标	双精度	10	
Y	y 轴坐标	双精度	10	
Z_Deep	埋深	双精度	7	
Offset	管偏	文本	8	
X1	x_1 轴坐标	双精度	10	
Y1	y_1 轴坐标	双精度	10	
MDate	建设年代	日期		
TFH	图幅号	文本	10	
SUnit	探测单位代码	文本	4	
SDate	探测日期	日期		
Note	其他备注	文本	200	
ADDRESSIDpoint	连接字段	文本	70	

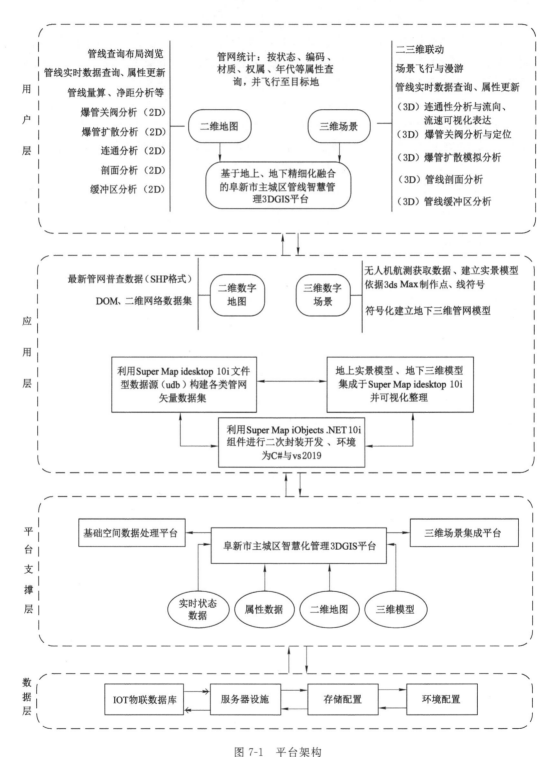

图 7-1　平台架构

表 7-2 管线属性结构

名称	别名	类型	长度	备注
S_X	起点 x 轴坐标	双精度	10	
S_Y	起点 y 轴坐标	双精度	10	
S_Deep	起点埋深	双精度	2	m
E_X	终点 x 轴坐标	双精度	10	
E_Y	终点 y 轴坐标	双精度	10	
E_Deep	终点埋深	双精度	2	m
Type	管线种类	文本	8	管线类别
Material	材质代码	文本	8	
PSize	断面尺寸(直径)	文本	20	mm
CabNum	电缆条数	双精度	3	
TotalHole	总孔数	双精度	3	
Road	道路名称代码	双精度	7	
EmBed	埋设方式	文本	8	
MDate	建设年代	日期		
Belong	权属单位代码	文本	4	
SUnit	探测单位代码	文本	4	
Note	其他备注	文本	200	
ADDRESSIDline	连接字段	文本	70	

表 7-3 部分监测值字段

名称	别名	类型	长度	备注
Voltage	电压	文本	8	V
Pressure	压力	文本	8	MPa
Temperature	温度	文本	8	℃
Velocity	流速	文本	8	m/s
D-ection	流向	双精度	2	0.1~2.3
Concentration	浓度	文本	200	mol /L
ADDRESSIDIoT	连接字段	文本	70	

　　管网附属设施大多数坐落在地面上,为建(构)筑物,是管网检修、监测、控制等工作地点,其属性数据包括坐落占地的属性信息,如占地面积、地籍号、坐标位置、权属单位、批准用途、证件编码等。附属设施可理解为地面三维产权体,是基于某一根管线,依据不同权属单

位进行划分的建(构)筑物。

7.2　基础模块实现

基础模块为工作人员使用后首先登录与确定的功能模块(图 7-2),共分为四个部分。

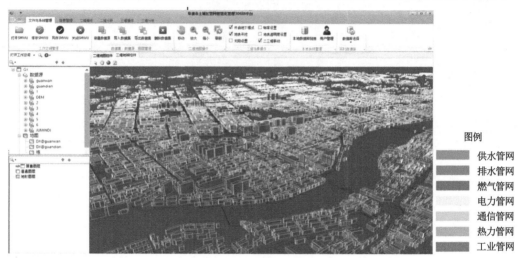

图 7-2　平台主界面

第一部分为本地数据库管理,本地数据库存储管网基础二、三维数据,为提高数据安全性,先登录、后调用;第二部分为远程数据库链接,将各单位数据库端口输入,对各类管线实时数据进行调用;第三部分为工作空间管理,对管网工作空间进行编辑。第四部分为二、三维界面的基础,二维操作为地图缩放以及刷新、全幅显示等,三维操作为全幅漫游、正北显示、开启地下模式等,同时包含二、三维联动模式。

(1)地上、地下模式

开启地下模式,利用地上实景三维模型和进行地表开挖操作,可对开挖地段地下管网进行空间布局浏览。可定义开挖深度,一般管网埋深不超过 20 m,开挖后成果如图 7-3 所示,该基本功能可有效对地上实景、地下管网空间分布进行自主操作与可视化浏览。

(2)数据库链接

实时数据库链接为后续实时数据的调用准备,因数据涉密,需对工作人员访问进行审核,链接界面如图 7-4 所示,建立链接后通过公共字段将管网模型与实时数据在 GIS 中融合。

(3)二、三维地上地下联动

二、三维地上地下联动是管网 3DGIS 平台重要的管理模式。管网 3DGIS 注重二维、三维、地上、地下融合,融合后体现了集成、显示、分析一体化特性。

集成与显示一体化:SDX+空间数据库在数据模型、结构基础上将多源数据处理集成,使得二、三维地上地下数据具有相同属性,使数据操作扩展性变强,无需转换处理,可直接在二、三维地上地下场景中互换可视化。

分析一体化:空间分析为 GIS 基本特征,GIS 已经非常成熟,如缓冲区分析、叠置分析、

图 7-3　地上地下模式

图 7-4　数据库链接

表面分析、网络分析等。目前大多数管网系统不具备管网全方位分析功能,由于算法复杂,许多三维分析功能仍处于实验阶段,因此在三维场景中基于二维算法与三维算法结合的分析功能具有很大的实用价值。

SuperMap GIS 采用二、三维地上地下一体化技术进行空间分析与算法,实现二、三维同步分析,具有真实空间分析功能,如通视分析、淹没分析、三维测量等。二、三维互动立体联动,实现可视化操作和浏览,同时将地上地下要素关联,实现一体化场景服务(图 7-5)。

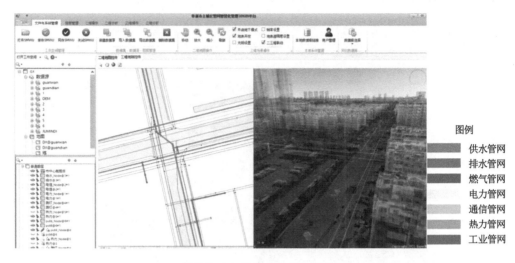

图 7-5 二、三维地上地下联动

7.3 信息管理模块实现

（1）信息编辑

信息管理模块主要具有对管网信息的固定数据查询统计、录入导出以及删除等功能，同时支持实时数据按时段查询。

管网点、线数据入库支持 shp 格式数据，坐标系为国家 2000 大地坐标系，高程为 1987 国家高程基准。SuperMap GIS 可根据相关参数字段对应后可对数据进行自动化二维拓扑处理。同时三维管网根据二维数据，利用 ScenceControl 控件进行自适应匹配符号化建模，并将管件各类旋转参数等自动匹配。图 7-6 以 shp 数据导入为例。

图 7-6 信息编辑

对固定数据进行查询统计,也称为对其自由属性查询,效果为对某一类管线的管点名、管材、管网长度、管径、附属设施等相关固有字段进行查询,利用数据库查询语句进行 select 查询,地图与场景自动飞行至目标并高亮标示,同时可对其进行内容修改。若对属性表中有关管网模型相关字段进行修改,ScenceControl 根据自动刷新机制实现三维管网外观的自适应变化。图 7-7 为按管线属性内容查询,查询结果以属性表形式呈现,实现自动交互与可视化漫游浏览。

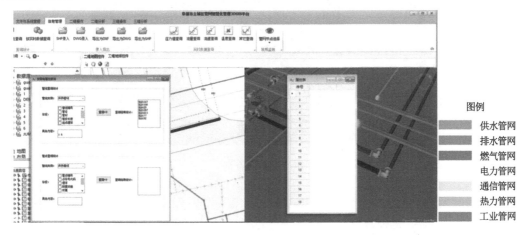

图 7-7　信息查询

按属性统计是 GIS 必有功能,对于管网 GIS 也是如此。按属性查询分为管线、管点查询,通过特定字段与特定内容进行统计,统计结果输出至 GroupBox 控件,双击结果可飞行至目标并弹出属性表,属性表可对其进行字段内容编辑(图 7-8)。

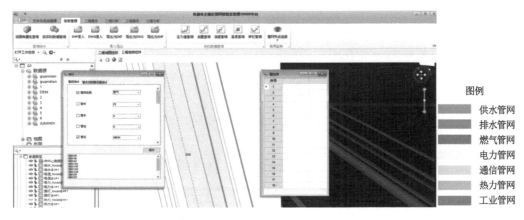

图 7-8　信息统计

(2)点选查询

点选查询功能不具备按钮,为直接对管线、点进行交互,以属性表结果以实现可视化查询(图 7-9),同理,二维界面也是如此,所查询到的数据为模型固有数据,即现实中管网的各类参数。

(3)实时数据监测

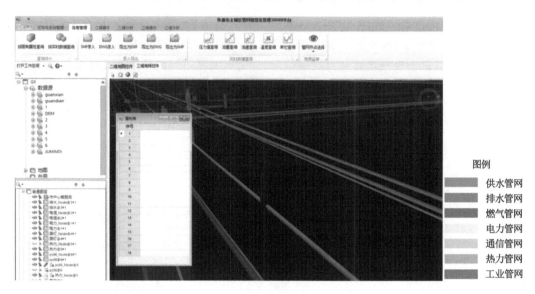

图 7-9　点选查询

对实时数据的查询目前分为压力、流量、流速、温度、电压以及其他相关值查询,该类数据为实时数据库调用,通过查询语句对其进行轮循调用,如查询目前或某时段某类传感值的属性数据,当前查询值以普通 TexBox 结果显示,某时段值的集合由折线显示其随时间变化趋势。本次展示以获取供水管网某节点实时压力为例。

查询目前某节点的实时数据,通过邻近语句获取管网上、下游节点,并使用轮循方式调取,间隔规定为 7 s 至 1 min,因考虑平台支撑与硬件运作效率,最大周期为 30 min,运用 Refresh 类进行循环刷新播报。图 7-10 为实时压力值数据结果。

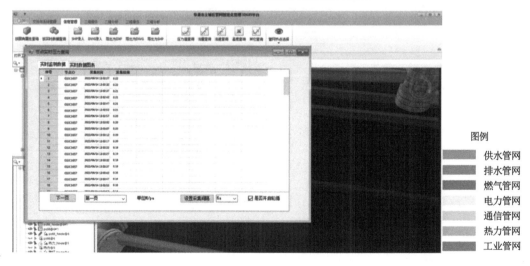

图 7-10　实时数据监测

查询某时段实时数据,定义起始时间与终止时间,最终生成位图,该位图由图形图像及其特性的像素数据组成。同时创建 Graphics 类对象,之后对 X 轴、Y 轴、背景、文字颜色、线颜色修饰,再对数据库字段内容进行位图制作,最后将位图输出在 GroupBox 中,结果为弹出带位图的窗口,其信息为历史监测信息折线图(图 7-11)。

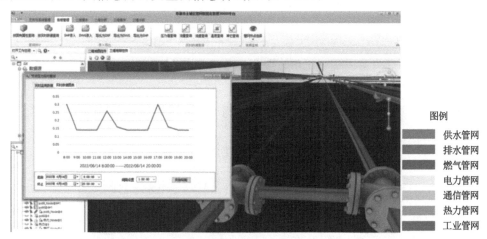

图 7-11　实时数据图表

第三栏功能为实时数据点选查询(图 7-12)。点选某一管线,可获取当前管线的平均压力,即上游节点与下游节点处压力的平均值,气泡指向点为管线中心点,同时利用短信告知救援团队异常位置,进行最快速度救援。

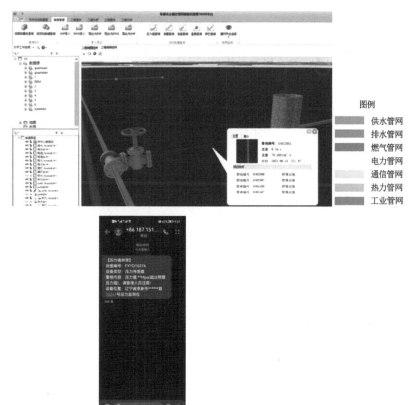

图 7-12　查询界面与通知

视频监测为连接某一节点的物联视频,平台自动按照坐标最近节点监测位置调用视频。视频由管网相关单位的物联监测平台提供,实时查看管网状态,为管网管理提供实时视频交互(图 7-13)。

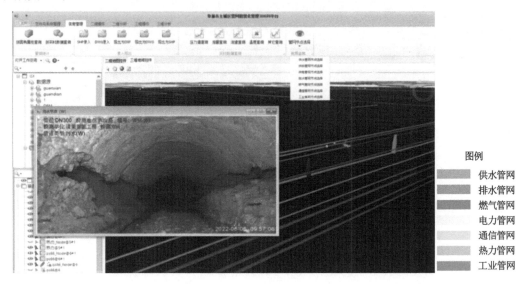

图 7-13　视频监测

通过实时在线监控,对各类管线等重点区域进行全方位监控,以确保在危险事故发生前后获取第一时间的现场情况,作为后期决策的依据。

7.4　基础分析模块实现

基础分析模块为阜新市主城区管网智慧化管理 3DGIS 平台重要模块,该模块包含对管网的二、三维空间基础分析。

(1)二维分析

二维分析提供对地图界面的地图量测、地图编辑、地图输出、数据转换等,部分主要.NET 组件见表 7-4。

表 7-4　主要控件表

控件/类	属性
Workspace	
MapControl	Action
Action	CreatePolyline、CreatePolygon
TrackingEventArgs	CurrentLength、TotalLength、TotalArea、CurrentAngle、CurrentAzimuth
TrackedEventArgs	Length、Area、Azimuth、Angle

因三维管网的制作来源于二维数据,因此二维分析为三维分析提供数据转换。图 7-14 为二维分析界面。

图 7-14　二维分析界面

量算为管线距离量算提供可靠计算结果。管网长度、管网连接角度以及管线周边面积测量可以在地图界面上进行,为管网长度、宽度以及管网净距查询提供有效功能支撑(图 7-15)。

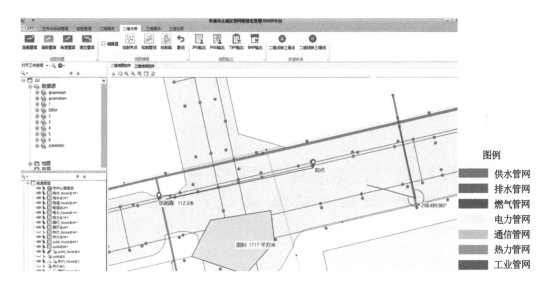

图 7-15　地图量算

地图编辑为管网提供二维节点与管段,也为补充与删除管网数据和转换三维数据提供支持,通过编辑引擎、CreatePoint、CreateLine 控件与 MapControl 控制结合,进行地图界面绘制元素,也可以将现绘制数据与历史数据删除,为数据管理与数据编辑的可操作性扩大容错空间,同时连接 SDX＋空间数据引擎,可支持多平台在线编辑。

数据转换为将矢量数据转换为三维数据提供支持,可将新导入与新绘制数据利用 Point3D 属性构造函数,创建一个表示 Point3D 的可读字符串,如 Point3D(X,Y,Z),返回"$\{X=X,Y=Y,Z=Z\}$",结果输出值为数据源、数据集,转换后对该结果要转化数据进行固定参数转化,如管网线、点符号匹配,下例为热力管网节点根据字段可进行三维数据自适应转化,除 X、Y、Z 字段需选择,其余字段与内容均继承给新三维元。实现结果如图 7-17 所示。

(2)三维分析

三维空间分析实现了 3DGIS 主要功能,进一步将 GIS 与虚拟现实拉进。在实现过程中,利用坐标系的变换功能,成功实现了外部数据的可视化,实现了数据的实时采集,解决了对象空间编辑和操作的实际问题。

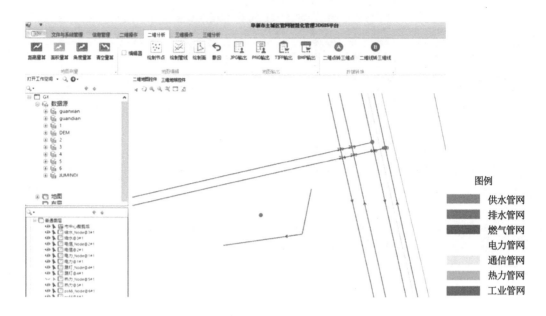

图 7-16　地图编辑

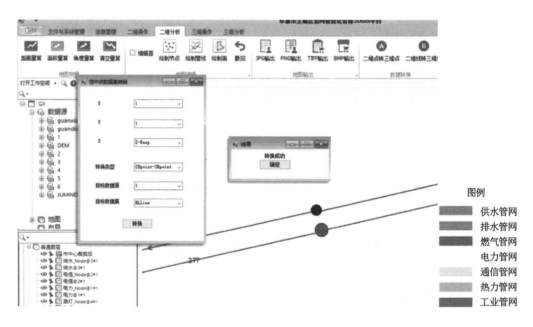

图 7-17　数据转换

　　本书基于二、三维联动实现三维分析,管网为复杂的多维层次设施网络,二、三维联动能够立体、直观地展现复杂的管网分布地理信息,准确地展示城市地上、地下与二、三维全景面貌,使相关单位规划和管理时更具针对性,从而提高建设效率。三维分析包括场景量算、场景编辑等。部分主要.NET 组件见表 7-5。

表 7-5　主要控件表

控件/类	方法	属性
SceneControl		Action
Layer3D	SetCustomClipPlane	
Scene		TrackingLayer
MapControl		Map
SlopeMap	Build、Clear、GetSlopeDirectionValue、GetSlopeValue	ColorDictTable、CoverageArea、SlopeInfoPoint
Tracking3DEventArgs		CurrentLength、TotalLength、TotalArea、CurrentHeight
TransportationAnalyst	Load、FindTSPPath	AnalystSetting
Ocean		IsVisible
LatLonGrid		IsTextVisible、IsVisible
NavigationControl		IsVisible
Atmosphere		IsVisible
Underground		IsVisible、Depth
BufferAnalystParameter		EndType、LeftDistance、RightDistance

场景量算为可视化管网提供规划、决策与记录等支持,目前.NET 组件支持三种量算方式。根据《城市工程管线综合规划规范》(GB 50289—2016)的规定,管线与管线之间、管线与建筑物之间距离标准,有三种方式可用以空间量算,分别为水平净距量算、空间净距量算、垂直净距量算。净距是剩余的纯距离,用来度量多个点之间的空间直线距离,可以得到空间直线距离、高差、起点和终点的坡度值。同时配以空间面积测量和地面面积测量,为管道的地上和地下空间范围提供数据支持(图 7-18)。

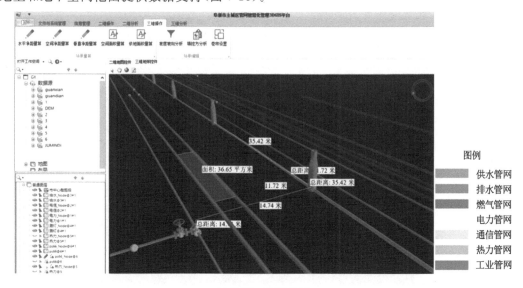

图 7-18　空间量算

场景编辑包括坡度坡向分析、卷帘设置、填挖方分析等，为管网规划设计和决策提供可视化支持。

坡度表示：坡度值大于适宜最大坡度值处为红色，小于最小坡度值处为蓝色，适宜处为无色。坡向用箭头表示，以流动方式表达。本次数据为外业采集数据，生成阜新市主城区DEM，可为排水、供水等输送介质管线提供规划设计服务（图 7-19）。

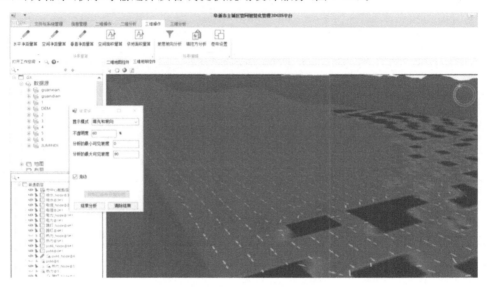

图 7-19　坡度坡向分析

卷帘浏览通过对指定的图层设定卷帘区域，以获得对比查看同一区域不同时期或者地上地下的场景浏览效果。场景的卷帘数据为阜新市主城区实景三维模型。

在浏览地上场景时，也需要看到浏览区域内地下管线的铺设情况，就可以对道路图层设置卷帘，同时将地表透明化，可在浏览时达到想要的效果。如图 7-20 所示，就是对道路图层设置了卷帘区域，地下透明度为 100%。

图 7-20　卷帘浏览

　　BIM 模型选址分析是现下国土空间规划关注的热点,在规划体系中避让基础设施是必要的,通过设计 BIM 模型导入地下,结合管网现状进行选址分析。BIM 模型多数采用 3ds Max、Revit 设计。SuperMap GIS 包含数据转换插件,通过格式转换将 BIM 模型导入阜新市三维管网智慧化管理平台,以便于浏览分析(图 7-21)。将多源数据在三维场景中结合,可宏观进行项目选址调控,有利于国土空间规划,为后续城市建设与基础设施发展提供可控前提。

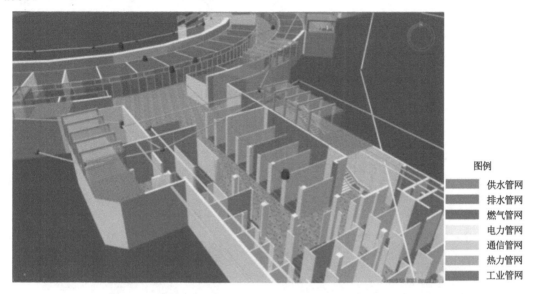

图 7-21　BIM 模型导入

7.5　管网决策分析模块实现

　　管网决策分析基于"Model+Gis+IoT"体系和地上地下一体化理念进行融合开发,实现基础数据在 GIS 平台中不仅体现数据可操作性和基础数据实时性,也为管网基础设施在城市规划、决策、应急等领域提供有效支持。管网决策分析包括连通性分析、爆管关阀分析、爆管点定位分析、爆管扩散模拟分析、剖面分析以及应急缓冲区分析。为体现平面与立体混合分析的优势,本平台将管网决策分析管理模式改为二、三维联动模式,数据都为三维模型数据和实时数据。

　　(1) 连通性分析与流向、流速可视化实现

　　在对管网进行各种分析时首先要确保管网是连通的。当遇到复杂的地下管网时,检查管网是否人工连接极为困难,SuperMap iObjects . NET 组件开发和 BFS 算法集成可提高管网连通性分析工作的效率,基于实时数据实现可视化流速和流向,实现 3D 可视化管理。连通性分析功能用以判断管网中的两点是否连通,在地图上依次选择管网中的两个点,则显示连接的管段,气泡指向点、线空间中心点,以供水管网为例(图 7-22)。

　　基于流向字段在管网模型表面设置箭头表示流向。流速决定了管网模型中的箭头密集程度,从而实现流向、流速可视化表达。流向信息被写入流向字段中,该字段由 FacilityAn-

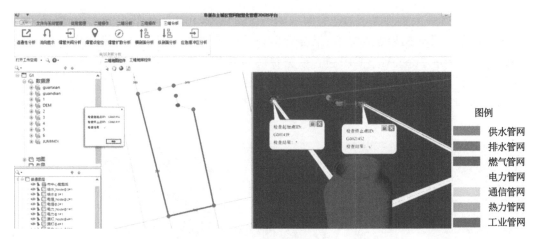

图 7-22　连通性分析

alystSetting 类的 DirectionField 属性定义,流向字段为实时数据库获取字段,值为 0、1、2、3,流速、流向实时表达为后续管网管理与规划提供可视条件,以供水管网为例(图 7-23)。

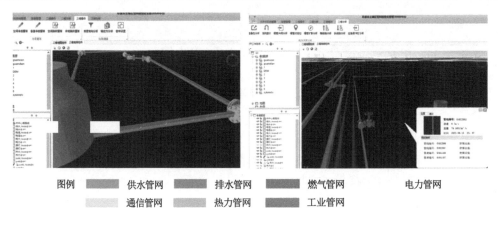

图 7-23　流速、流向

（2）爆管关阀分析与泄漏点定位

在确认管网连通的情况下,可进行爆管关阀分析(图 7-24)。爆管关阀分析实质上是确认爆管点后需要关闭临近阀门点,阻碍爆管点管段的传输物质流通,同时关联地上道路与建筑,为管线的抢修提供最直接的决策依据。在三维界面设立爆管点,二、三维界面展示需关闭阀门的结果,同时以爆管点为中心,通过缓冲区原理统计地上受影响建筑,实现地上地下关联。

在不确定爆管点位置时,可通过负压波法对爆管点进行确定。采用负压波法确定爆管点原理在第 2 章中已详细阐述,通过获取实时参数,输入管线属性进行修改。具体参数与属性可由上节信息查询获取,最后计算爆管点具体位置并飞行至该点。爆管点点位由粒子特效喷泉效果,粒子特效为 CAD 数据集格式,爆管点定位可为管网发生故障后进行实时定位,为后续治理工作提供位置定位支持,以供水管网为例(图 7-25)。

（3）爆管扩散模拟

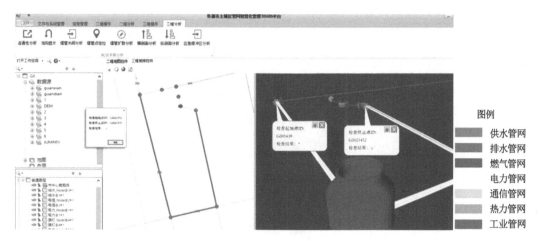

图 7-24　爆管关阀分析

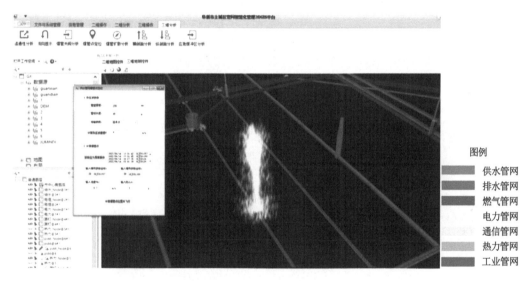

图 7-25　爆管点定位

由于偶发因素导致爆管泄漏后,部分管线会迸发出有害气体,如燃气管线、热力管线与工业管线。爆管后泄漏的气体扩散受风速、风向、大气压强、气体浓度等因素影响。因此利用高斯烟羽模型对扩散区域范围进行预测,同时扩散模拟会预测随各个实时因素扩散的过程,具体原理在第 2 章中已详细阐述,从而建立缓冲区为后续城市安全提供预警与疏散通道(图 7-26)。

为通过扩散模拟界面获取实时压力与实时流速等实时数据以及当地此时风速、风向与扩散预计时间,通过 Buffer Analyst Parameter 类建立三维缓冲体,同时爆管点利用烟雾粒子特效建立。烟雾粒子的飘向与重力效果基于 Particle Influence 类定义,与获取风向一致,以燃气管网为例。

（4）剖面分析

剖面分析为管网分析提供横剖面、纵剖面分析。该功能广泛用于勘测领域。通过横、纵

图 7-26　爆管扩散模拟

表达方法,可直观表达实体在特定空间内的结构。在三维管网管理方面,剖面分析将城市管网三维效果与二维表示联系起来,管网与其他实体之间的位置关系也可以以剖面分析图形式直观展示出来(图 7-27)。

图 7-27　剖面分析

横剖面分析的原理是在管线区域内按要求绘制一条与地下管线相交的剖面线,然后根据交点分析该断面中地下管线的分布情况。管网的大小、类型、高度、间距等可以反映管网之间的空间关系。纵剖面分析的目的是确定某段地下管线在特定位置处的地下埋藏情况,显示沿线起点与终点的位置与埋深,并自动生成相应的属性数据和管线,剖面分析底部高程至高度范围为固定值。管网顶部各管点的属性数据可用于了解管网地下分布情况,为管网规划和管网维护提供参考和依据,以排水管网为例。

(5)应急缓冲区分析

缓冲区分析是管网 GIS 重要分析功能之一,是在点、线、面几何对象周围自动建立一定范围区域的分析方法。如在发生事故前后,常在事故管线周围划出一定宽度、长度、高度的范围表示受到影响的区域,同时,三维虚拟场景的加入使其变为三维缓冲体,在可视化分析基础上更进一步,为地上地下一体化决策提供可视支持,以通信管网为例。

点、线状的缓冲区,由于要素的空间形态不同,使得缓冲区的形状也不同,但是功能相同,缓冲区分为普通、分级、权值和独立缓冲区。缓冲区的建立有二类情况,一类是位于缓冲区边界的内部和外部,另一类位于缓冲区外部并包括内部。

对于以管件为对象建立缓冲区,给定缓冲距离向空间所有方向发散指定距离的终点所组成的球体。在二维空间中,缓冲区为平面对象,而在三维空间中,点缓冲体都是体对象。参数支持数值型与字符串型数据的输入。对于三维点数据,代表缓冲体的表面距圆心的距离,最终实现规划选址与碰撞分析,将周边管线与建筑属性汇总后进行二次决策。线对象的缓冲体是以线对象为中心线,围绕中心轴一周并距轴线一定距离的圆柱体区域,功能与点缓冲区相同(图 7-28)。

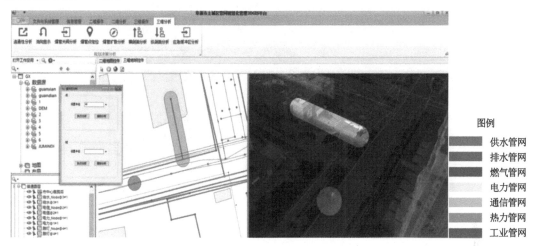

图 7-28　缓冲体分析

8 综合管廊管理系统的功能原理与实现

基于 Unity3D 的综合管廊管理系统主要包括基础功能、仿真漫游、空间量算、空间查询与分析、监控预警五个功能模块。系统共有数据库管理、视频监控、主界面三个界面,其中主界面如图 8-1 所示。

图 8-1 系统主界面

8.1 基础功能

8.1.1 图层控制

图层控制是 GIS 的基础功能,在大量的模型对象中,通过控制不同层对象的显示与隐藏,为用户提供更方便的信息展示。基于 Unity3D 的综合管廊管理系统共设建筑、管廊、中水、热力、燃气、电力、通信、供水、污水、地形、小地图 11 个图层。点击对应的 Toggle 按钮,即可关闭或打开相应图层。

图层控制功能的实现思想是通过 Toggle 按钮状态的改变控制不同层模型的激活状态。对于小地图和地形图层,在三维场景内是唯一的,可以直接控制其激活状态。对于其余包含大量个体模型的图层,通过在数据关联机制中建立的层关系,通过 GameObject. Find-GameObjectsWithTag 方法获取标签相同的模型对象,通过使用 GameObject. SetActive 方法激活或关闭模型,从而实现类似 GIS 软件的图层控制功能。图 8-2 为仅显示各类管线和管廊本体时的场景。

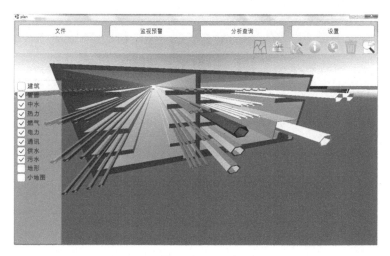

图 8-2　图层控制功能(仅显示各类管线和管廊本体)

8.1.2　全图显示

作为一款非 GIS 软件,Unity3D 中不存在全图显示。以 ArcMap 软件为例,ArcMap 中的全图显示功能,是通过放缩至预先定义的地图范围实现的,这个地图范围由用户设置或者使用各个方向上的最大和最小坐标值计算得到。ArcMap 在导入数据时,就默认根据数据的范围,并作为全图范围,也支持自定义全图范围。

在 Unity3D 平台上,所有的视角改变是通过主摄像机的位置和姿态改变而实现的。全图显示功能的实现思路是根据模型的范围,在 Unity3D 编辑器中寻找最佳全图视角,定义此时主摄像机位置和姿态参数为全图时相机位置和旋转参数。在 Unity3D 中三维坐标以三维向量的方式存储,三维向量可以表示物体的位置,也可以表示物体的移动方向。通过直接改变相机 transform. position 的方法,会造成当前视图的突然改变,影响用户体验。基于 Unity3D 的综合管廊管理系统使用 Vector3. MoveTowards 方法实现视图窗口的渐变。当点击全图按钮时,主摄像机通过 MonoBehaviour. Update 方法,实时沿着位置向量平移,通过使用 Time. deltaTime 作为移动速度的系数,实现平滑的视角移动。当检测到摄像机到达指定的位置时,停止移动。使用 Quaternion. Slerp 方法旋转摄像机,当旋转至指定角度时移除全图功能脚本。其实现如图 8-3 所示。

8.1.3　鸟瞰图

鸟瞰图功能是系统用户获取当前视点域在附近位置信息的工具。通过鸟瞰图窗口,用户可以清楚了解自己所在地图区域的大致地貌状况。Unity3D 空间渲染引擎在二、三维游戏的开发方面技术成熟,在其插件商店内有大量的鸟瞰图的插件工具,开发者也可以自己制作。

Unity3D 中用户位置图插件的主要思想是:创建一个地图摄像机,绑定地图摄像机与主摄像机的相对位置关系。相对位置关系主要包括保持地图摄像机垂直向下,位于主摄像机上方固定距离处,并随着主摄像机的移动而移动。相对位置关系使得鸟瞰图的内容随主摄

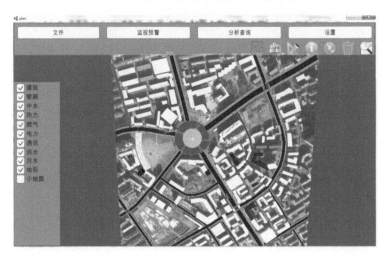

图 8-3   全图功能

像机的移动而改变。Unity3D 内只允许有一个 AudioListener 存在,将鸟瞰图摄像机的 AudioListener 组件关闭,并设置其 camera 组件的 CullingMask 属性,调整鸟瞰图中显示的对象,CullingMask 中勾选的 Layer 对象将会在鸟瞰图的窗口中渲染。新建 Renderer Texture,将鸟瞰图摄像机的场景传递给 RendererTexture,将 RendererTexture 显示在视窗口就完成了鸟瞰图的制作。基于 Unity3D 的综合管廊管理系统的鸟瞰图功能如图 8-4 所示,鸟瞰图显示的是主摄像机下方的地形内容。主摄像机上升,鸟瞰图内容缩小,主摄像机下降,鸟瞰图内容放大。当移动主摄像机时,鸟瞰图的内容也左右移动。

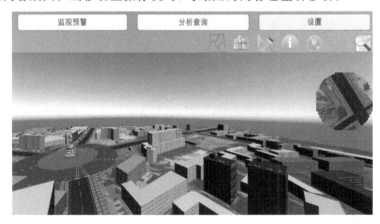

图 8-4   鸟瞰图功能

8.1.4   坐标显示

通过综合管廊管理系统的坐标显示功能,用户可以简便地获取地图上任何一点的三维坐标。在二维的 GIS 系统中,用户通过鼠标选取的地图点容易被捕获。在三维空间中,存在着大量的三维模型对象,用户在二维的屏幕上选取三维空间的点是非常困难的。

在 Unity 平台上坐标显示功能的实现是基于射线碰撞检测原理的。首先,实现射线碰撞的前提是被检测物体必须有碰撞器组件。Unity3D 开发平台主要提供了盒子碰撞器、球体碰撞器、胶囊碰撞器、网格碰撞器、车轮碰撞器、地形碰撞器。用户必须选择合适的碰撞器将三维模型包裹,对于不规则的模型,可以使用多个碰撞器组合。越精确的碰撞器在使用时占用的计算资源越多,但是碰撞点的计算也更加精确。

　　利用相机和鼠标的位置做射线碰撞。如果碰撞到了物体,就将碰撞点的世界坐标系坐标通过前面所述的四参数变换的方法转换为地方坐标系坐标。将这个坐标转换成特定的格式,然后传输到 MonoBehaviour. OnGUI 方法中,实时地改变坐标 UI 的文字内容。屏幕坐标显示功能要求显示的坐标随鼠标的移动而实时改变,计算坐标的程序必须包含在脚本的 MonoBehaviour. Update 方法中。将脚本著作件以组件的方式挂载到主摄像机上,通过左边显示的按钮控制组件的激活状态,当组件激活后,如图 8-5 所示,随着鼠标的移动,鼠标所指点的坐标实时显示在屏幕下方。

图 8-5　坐标显示功能

8.2　仿真漫游

　　研究三维综合管廊系统的目的是更好地展示数据,让用户更清晰地了解各类管线数据,从各个方位详细了解综合管廊内的具体情况。三维仿真漫游是三维 GIS 的重要功能,让用户身临其境。由于具有 3I 特性——沉浸感、交互性和构想性,使得使用固定漫游路径等手段的其他漫游技术和系统无法与之相比。由于 Unity3D 空间仿真性能的优越,基于 Unity3D 的虚拟校园[34]、虚拟故园[38]等三维仿真漫游系统等被广泛研究,基于 Unity3D 的仿真漫游技术已经非常成熟。

　　基于 Unity3D 的综合管廊管理系统的仿真漫游功能的实现,通过操作主摄像机的位置和姿态参数而实现。通过使用 MonoBehaviour. Update 方法,保证漫游脚本在系统图像每一帧都会运行,在三维场景的每一个位置都可以时刻移动视角。通过改变 Camera. transform. position 移动摄像机,来实现三维空间场景的改变。将摄像机移动和旋转的速度乘以 Time. deltaTime,使得摄像机的移动不依赖系统帧速率,用户视角更顺畅。系统的漫游功能实现了以下操作:

(1) 首先对 Unity3D 的输入系统进行设置。因为 Unity3D 开发的系统是跨平台的,必须根据平台,对 Unity3D 的输入系统进行设置,保证系统在相应的平台上运行时能够接收正确的输入信号。在对基于 Unity3D 的综合管廊管理系统进行测试时,使用的是 Windows 系统。打开 InputManager 面板,分别设置垂直方向与水平方向的输入键,如图 8-6 所示。

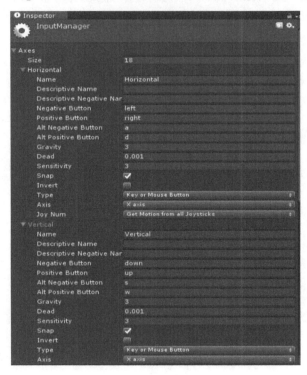

图 8-6 输入设置

(2) 滚动鼠标滚轮实现前进后退。通过 Input. GetAxis(Mouse ScrollWheel)方法获取鼠标滚轮的滚动,根据鼠标滚轮的滚动量计算摄像机前进后退的距离。

(3) 按住鼠标右键拖动旋转视角。通过 Input. GetMouseButton(1)方法获取点击鼠标右键的事件。通过 Input. GetAxis(Mouse X)和 Input. GetAxis(Mouse Y)分别得到按住鼠标右键时鼠标在 X 轴和 Y 轴方向的偏移量。通过这两个偏移量生成摄像机旋转的欧拉角,达到旋转视角的效果。

(4) 前后左右移动。这个功能可以使用键盘四个方向键,也可以使用 WASD 键。使用 Input. GetAxis(Horizontal)捕捉前后移动的指令,Input. GetAxis(Vertical)捕捉左右移动指令。

(5) 上升与下降。在该系统中设置了按住空格键上升,按住 G 键下降。通过 Vector3. up 生成一个向上的向量,通过 Vector3. down 生成一个向下的向量。将这两个向量作为位移计算参数,实现系统的上升与下降。

8.3 空间量算

空间量算是用户从模型和数据中提取信息的重要工具。三维空间量算，与二维 GIS 中的测量距离和面积不同，二维量算是根据平面的点坐标，而在 Unity3D 中量算使用的是三维坐标，并且坐标被定义为三维向量。三维向量既可以表示位置，也可以表示方向与数学中的向量。这里分为空间测距和面积量算两个部分介绍。

8.3.1 空间测距原理与实现

空间测距与平面测距的原理相似，均是通过两点的坐标来计算距离。首先捕捉鼠标输入的两个点，通过射线碰撞检测的原理，确定用户在三维场景内所指向的点，使用 GL 类函数画出连接两点的线。然后通过 3.1.2 节所述坐标转换方法，转换为 WGS84 Web Mercator 坐标系中的点 $P_1(x_1,y_1,z_1)$、$P_2(x_2,y_2,z_2)$。

线在 XOZ 平面上的长度通过式(8-1)计算。

$$D_h = \sqrt{(x_1 - x_2)^2 + (z_1 - z_2)^2} \tag{8-1}$$

线的垂直长度通过式(8-2)计算。

$$D_v = |y_1 - y_2| \tag{8-2}$$

线的总长度通过式(8-3)计算。

$$D = \sqrt{D_h^2 + D_v^2} \tag{8-3}$$

基于 Unity3D 的综合管廊管理系统的测距功能如图 8-7 所示，用鼠标输入两点坐标后自动画线，自动计算出平面、垂直和斜面距离。

图 8-7 距离量算功能

8.3.2 空间面积量算原理与实现

空间面积量算与平面面积量算不同。二维的面积量算，用户输入点必定在同一平面内，可以采用多种面积计算方法。而在三维空间内，由于视觉原因，当输入多于 3 个点时，用户输入的点不在同一平面内的可能性较大，这就对面积的计算方法有一定的要求。

将多边形划分为三角形是求解多边形面积的有效方法^[36]。将用户所选区域按照三角形切分，分别求出面积，能够很好地解决用户输入点不在同一平面内的问题。在具体实现的过程中采用了"起点—上点—最新点"的连接方式构建三角形，如图 8-8 所示，图中 P_1，P_2，……依次为用户输入多边形的点。

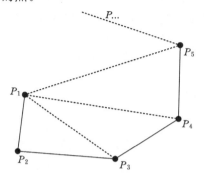

图 8-8 多边形分割

将多边形剖分为三角形后，通过三角形点的空间坐标求出三角形的三条边长。通过三角形的三条边长计算出三角形的面积或者通过海伦公式、秦九韶公式计算出三角形面积。

a、b、c 分别为三角形的三条边长，p 为三角形周长的一半，面积为 S。通过式（8-4）计算出周长，通过式（8-5）计算出三角形面积。所有三角形的面积之和即多边形的面积。

$$p = \frac{1}{2}(a + b + c) \tag{8-4}$$

$$S = \sqrt{p(p-a)(p-b)(p-c)} \tag{8-5}$$

基于 Unity3D 的综合管廊管理系统，使用上述方法作为空间面积的计算方法，当用户通过鼠标输出超过 3 个点后，将每个点的坐标记录为 Vector3，利用 GL 依次绘制相邻点的连线。经过坐标系转换求出多边形的面积，同时求出用户输入点的最大高度差，供用户参考。如图 8-9 所示。

图 8-9 面积量算功能

8.4 空间查询与分析

系统的空间查询与分析功能模块需要频繁访问数据库信息,使用 C♯ 作为脚本语言与 SQL Server 数据库建立链接,并完成对数据库的一系列操作。在开发数据库的相关功能之前,需要将"\Editor\Data\Mono\lib\mono\unity"路径下的 System. data. dll、I18N. dll、I18N. West. dll 和 I18N. CJK. dll 文件拷贝到项目工程文件夹下的 Assets 文件夹内。否则在系统发布之后,数据库相关的功能将无法实现。

8.4.1 点选查询

点选查询主要是用户通过屏幕直接选择单个模型对象,然后反馈给用户所选对象的信息。数据位于数据库的各个表中,并且数据结构不同。在 Unity3D 平台上实现点选查询,首先要确定用户鼠标所指向的物体。在 Unity3D 空间中,三维模型虽然可以处于非激活状态,但是其碰撞器依然存在,这就会造成用户点击到隐藏模型的现象,得到错误的属性信息。

确定用户所选择的对象的过程是通过射线碰撞检测实现,用户通过屏幕发出射线,在三维空间中碰撞到模型,返回碰撞体的名称。基于 Unity3D 的综合管廊管理系统在实现点选查询功能时,会自动关闭地形碰撞器,防止射线被地形碰撞器拦截,从而无法选中鼠标所指综合管廊内的管线。通过碰撞体的名字的前两个字母解析出所选对象类型,然后在数据库相应的表中以碰撞体名称作为编号,查询对象的相关信息,充分利用模型与数据库的关联机制。然后根据对象类别实例化不同的预制件,制作信息窗体,并给相应的对象赋值。

系统点选查询建筑和管线的功能如图 8-10 和图 8-11 所示。其中图 8-10 为点选建筑物后所展示的建筑信息。图 8-11 为点选管线后所展示管线的相关信息。

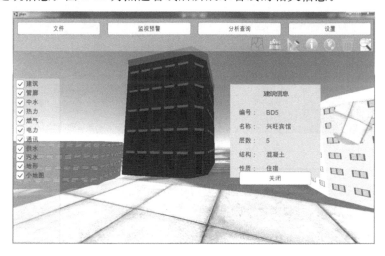

图 8-10　建筑信息展示

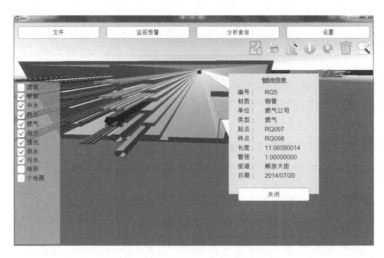

图 8-11　管线信息展示

8.4.2　编号查询

通过编号查询可迅速定位三维场景内的模型。三维场景内存在多类模型对象,如果分别设置查询的类别或者基于查询的对象的不同设置不同的编号查询功能,都会使模型编号查询功能更复杂,而且功能重复。综合管廊管理系统的查询功能如图 8-12 所示。

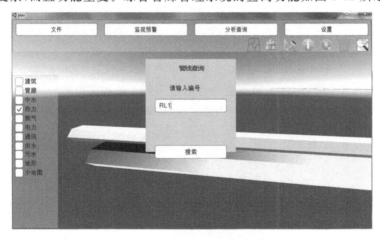

图 8-12　编号查询功能

由于特殊的数据关联机制和使用了特定的编号规则,确保了每一个模型在 Unity3D 中都有唯一的名称,并且在数据库中的记录也是唯一的。基于 Unity3D 的综合管廊管理系统,与一般的 GIS 的编号查询不同,不需要在查询时特别设置查询对象的类别。

系统的编号查询功能通过 GameObject.Find(编号)的方法查询场景内的三维模型,通过模型的 transform.position 属性获取模型的位置信息,将模型的位置信息传递给主摄像机,就定位到了模型。为了实现在 GIS 软件中使物体高亮显示,在 Unity3D 定义了一种自发光的特殊高亮材质。当定位到模型时,为了使选中的模型突出显示,将高亮材质赋予模型。在图 8-12 中,查询时首先输入编号,然后定位到该对象并高亮显示,图中下方高亮的管线即查找结果。

8.4.3　数据库数据管理

数据库数据的管理与维护是 GIS 系统的实现对空间数据管理的重要功能。综合管廊具有大量的数据,且种类较多,实现对综合管廊数据的高效管理是综合管廊管理系统的重要部分。基于 Unity3D 的综合管廊管理系统实现了数据库数据的浏览、修改与删除功能。

Unity3D 没有提供 GIS 或数据表相关的可扩展列表控件,只提供了基础的按钮、图像等控件。数据库数据信息的展示需要使用 GridLayoutGroup 和 Mask 组件配合 Button、Text、Image 等 UI 控件制作可扩展窗体。列表中的每一行及其中的信息都需要根据数据库的记录用脚本动态控制。将列表中的一行以预制件的方式制作,在生成列表时实例化为 GameObject 对象,并重复使用。动态进行控制列表的信息,将数据库的遍历信息顺序地传递给列表中的每一行对象。在生成表格时将每一个行对象存储在 List 中,关闭时清除 List 中对象数据库信息列表展示如图 8-13 所示,通过视窗左上角的 Dropdown 下拉控件,切换不同的数据库表对象,系统根据数据库指定表返回的信息动态生成列表,并给表中的按钮添加监听事件。点击每一条数据后的删除按钮,即可将该数据从数据库中删除。

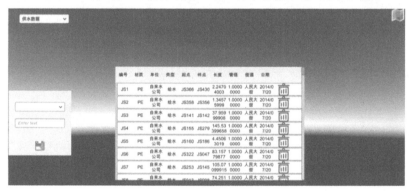

图 8-13　数据列表展示

在实现数据库的修改时,为了让用户更快地找到要修改的对象并以最快的方式修改,基于 Unity3D 的综合管廊管理系统,在处理修改对象时,定义了选择空间,用户在选择展示数据库表和点击表中的记录时,用户的选择将被存储到选择空间。用户无须选择数据类别,依据选择空间内的数据就可以完成数据的修改,数据的修改功能得到简化。在图 8-14 中,用户用鼠标选中一行记录,该行记录高亮显示,在左侧的面板中选择相应的字段,输入修改值,点击保存按钮就实现了对数据的修改。

8.4.4　爆管分析原理与实现

图的遍历有两种方法:深度优先遍历和广度优先遍历[37]。

（1）图的深度优先遍历思想是从待遍历图中的第一个点出发,将父节点下的第一个子节点下的所有点全部遍历,然后遍历父节点的下一个子节点。对每一层子节点均采用这种

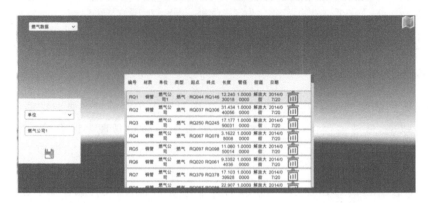

图 8-14　修改数据

方式进行。该遍历方法采用递归和堆栈两种数据结构的方法,易造成死循环,在速度上并没有明显的优越性,遍历对象的关系更为复杂。

(2) 广度优先遍历则是利用队列和递归的技巧来遍历图,从图中某一个顶点出发,依次访问该点的子节点,将所有的子节点作为父节点集,再依次遍历父节点集下的所有子节点。依次递进,直到遍历完毕。广度优先遍历算法应用非常广泛,常用的最短路径算法 Dijkstra 算法就是采用图的广度优先遍历算法来实现的。目前大部分爆管分析算法都是基于广度优先遍历算法的[38]。

系统采用了"管点—管线—管点"的模型,即每根管线仅由 2 个管点确定,且管线均为直线。基于广度优先遍历算法,根据系统所采用的综合管廊数据库结构,在 Unity3D 平台上实现了无流向的爆管分析。在管线和管点基础上的广度优先遍历思想如图 8-15 所示。

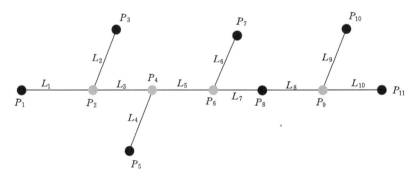

图 8-15　管线管点位置关系示意图

在图 8-15 中,从 L_1 到 L_{10} 均是管线,之间通过管点 $P_1 \sim P_{11}$ 连接,其中 P_1、P_3、P_8、P_7、P_8、P_{10}、P_{11} 是阀门,其余都是一般管线点。假设 L_7 管线发生泄漏,首先遍历 L_7 相连的管线点 P_8、P_6,P_8 是阀门,则记录。P_6 不是阀门,则遍历与 P_6 相连的其余管线 L_8、L_6。然后遍历与两条管线相连的其余点。若是阀门则停止遍历该点所连管线。若不是,则继续遍历该点所连管线。最终的遍历结果是 P_8—P_7—P_8—P_3—P_1。这种算法不需要流向的参与,非常适合不知道流向情况下的爆管分析,而且适用于多种管线。

在 Unity3D 中通过射线碰撞检测确定用户所输入的泄漏管线,然后定义 5 个全局数据集,即已遍历过的点集 A、需要关闭的阀门点集 B、需要根据编号遍历管线的管点集 C、需要遍历其相连管点的管线集 D、遍历过的管线集 E。开始时将泄漏管线加入 D 和 E 中,然后开始下列操作:

(1) 在数据库中遍历 D 内所有管线所连管点,然后清空 D。

(2) 依次判断(1)结果中的点是否已存在于 A 中,若不存在,则将该点加入 A。若已存在,则直接转到(4)。

(3) 从数据库中查询该点是否是阀门,若是,则将其加入点集 B,若不是则加入点集 C。

(4) 判断(1)中的结果点是否遍历完毕,若没有,则从(2)开始判断下一点。

(5) 判断管点集 C 是否为空,若为空,则直接结束,结果为 B。

(6) 在数据库中遍历与管点集 C 中的点相连的管线,然后清空 C。

(7) 然后依次判断(6)的结果中的是否存在于 E 中,若不存在,则将其加入 D、E。

(8) 判断(6)结果线集是否已被遍历完毕。若没有,则转到(7)。若遍历完毕则转到(1),开始下一个循环。

在基于 Unity3D 的综合管廊管理系统中,爆管分析测试结果如图 8-16 所示。图中可以清楚看到管道泄漏点,并展示了需要关闭的阀门列表,点击列表项可以定位到相应的阀门。

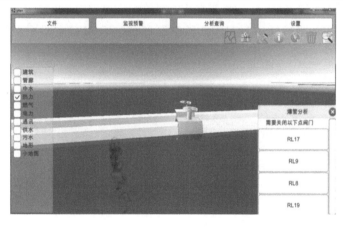

图 8-16 爆管分析

8.5 监控预警

综合管廊内情况复杂,存在很多隐患,这些隐患可能引发灾害,如果维修人员在危险时刻进入可能造成人员伤亡。如果隐患处理的不及时,可能造成巨大的损失。全面完整的监控机制可以保障综合管廊系统的正常运行,可以帮助管理者及时发现处理隐藏的危险。完善的监控与预警系统是综合管廊良好运行的重要保证,系统内集成的监控功能必须可靠和稳定,从而预防事故发生,保证工作人员和居民安全。综合管廊的预警功能主要由三个部分组成,即数据采集、数据传输、数据展示。基于 Unity3D 的综合管廊管理系统监控预警部分共分为视频监控、温度预警、气体预警三个模块。

8.5.1 视频监控

综合管廊处于城市的地下空间中,具有不可见性。综合管廊内的突然情况难以被及时发现。视频监控功能可以将综合管廊内复杂的情况以最直接的视频方式显示在用户面前。综合管廊管理系统的视频监控功能,遍布于综合管廊各处的监控摄像头拍摄的视频数据通过串口通信的方式传输到管理系统中,然后显示在用户的屏幕上。管理者可以通过视频监控即时发现综合管廊中的突发状况。

在 Unity3D 平台上实现摄像头与系统的通信功能,首先需要使用协程,可以通过使用 MonoBehaviour. StartCoroutine 方法开启获取摄像头视频内容的程序作为协同进程,获取使用平台的管理员权限。设置获取到的视频数据的大小和帧数,然后将获取内容作为 WebCamTexture 赋给接收对象。在 Unity3D 平台上,可以通过 GUI 和 NUGI 制作接收对象。基于 Unity3D 的综合管廊管理系统使用的是 NGUI 插件的 Texture 作为视频接收对象。

在对系统进行测试时,使用的是 Vcam 虚拟摄像头软件,可以将视频、图片虚拟成 PC 摄像头拍摄到的内容。Vcam 最多可以在一台电脑上创建 4 个摄像头实例。同时,确保登录账户使 PC 具有管理员权限。

系统视频监控如图 8-17 所示,只使用 Vcam 软件给第一个摄像头实例赋予了图片,其余的均是 Vcam 默认视频数据。点击下面的地图图标可以返回主界面。为了使监控视频更好地显示,图 8-18 中的界面使用 NGUI 插件制作,目前 NGUI 插件对中文的支持效果不好,需要用户安装中文字体包。

图 8-17　视频监控

图 8-18　输入温度阈值

8.5.2 温度预警

综合管廊内存在燃气和热力管道,对温度的要求非常严格。温度过高会引起可燃气体爆炸。温度数据的异常可能由火灾或者热力管道泄漏引起。实时温度数据对于管理者了解管廊内情况具有重要参考价值。

基于 Unity3D 的综合管廊管理系统的温度预警功能实现思想,是通过后台通信方式将获取到的温度数据存储在数据库中,系统实时从数据库中获取最新的数据记录,用户可以提前设定温度危险阈值,系统根据阈值自动进行不同的记录。通过预制件方式生成列表窗体,将每一个温度传感器的名称和探测数据在 MonoBehaviour.Update 方法中传输到列表中进行实时更新,使用不同的颜色给用户以提醒。在图 8-18 中,输入阈值。如图 8-19 所示,生成温度信息列表,点击不同的温度记录即可定位对应的温度探测器。

图 8-19 温度监测预警

8.5.3 气体预警

综合管廊内存在由燃气管道泄漏的可燃气体和由污水生成的有毒有害气体。综合管廊通风不畅,出口受限。这些气体时刻威胁着维护人员和周围居民的安全。综合管廊内必须设置气体探测器来探测甲烷、氧气等气体的浓度。

基于 Unity3D 的综合管廊管理系统的气体预警功能与温度预警功能的实现原理相似。这里以甲烷为例,先输入气体的爆炸下限,同温度预警温度阈值的设定相似,并且在制作三维场景的过程中将温度监测器和其他检测器模型固定在一起,如图 8-20 所示,然后系统根据用户设定的甲烷爆炸下限将各个探测器传输的探测值用不同的颜色表示。鼠标点击一条记录就会自动移动到对应的气体探测器所在的场景。系统的气体预警功能能如图 8-20 所示。

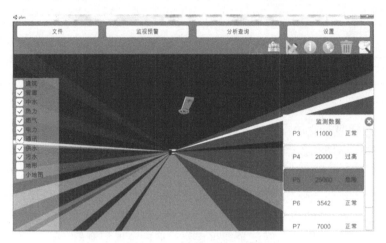

图 8-20　气体监测预警

8.6　系统性能优化

Unity3D 具有强大的空间渲染能力,但是在提供强大的渲染能力的同时,模型的实时渲染占据了大量的处理器和内存资源。Unity3D 采用所见即所得的开发方式,开发者可以自由编辑对象和组件,这样导致即使在编辑与调试时 Unity3D 也占用了庞大的内存。性能优化是使用 Untiy3D 平台进行开发的一个重要部分,对模型进行充分优化,提升系统的流畅度。

被 Unity3D 占用的内存分为程序代码段、托管堆(Managed Heap)以及本机堆(Native Heap)[39]。程序代码段主要包括开发者所编写的脚本程序和所使用的类库。托管堆是 Unity3D 所占用的内存空间,其中有着大量的默认定义的全局变量,数量随着模型的增加而增加。本机堆主要是材质、贴图、网格模型等资源。基于 Unity3D 的综合管廊管理系统从模型和场景两个方面对系统占用的三种内存进行了优化。

8.6.1　模型优化

模型的渲染是系统的主要工作,占据了大部分的内存。在兼顾视觉效果的基础上,对模型的优化可以有效减少本机堆所占内存。模型优化主要包括从三维模型和 UI 两个方面。

(1)建模方法优化

三维模型是整个虚拟场景的基础,在保证良好视觉效果的前提下尽量采用最简单的三维模型,并且尽量用参数化方法构建对象,减少基本几何体的分段数[40]。在浏览场景时,系统实时对模型的投影、材质、贴图等进行计算。

① 投影优化

系统根据光源和摄像机的位置,实时计算并渲染物体的投影。接受阴影的对象是无法进行批处理操作的。在系统中道路紧贴在地表上,道路的投影是无用的,在编辑器中关闭道路的投影。地形的投影与综合管廊内各管道的投影均被关闭。

② 材质贴图优化

根据贴图与材质的大小,系统实时计算着贴图的重复方式。因此在使用贴图时尽量使用较大的、纹理色彩简单的贴图。在贴图方面,在开发系统时使用了大量相同的贴图,以充分地利用内存资源。在材质方面,系统使用了大量的颜色作为材质。多个对象使用同一个材质。Unity3D 会一次性地将使用到的同一材质对象的绘制信息传递给 GPU,即进行批处理,这样就极大地减少了 CPU 和 GPU 交互所耗费的资源。

③ 形状优化

建立模型时尽量控制网格模型的多边形数量。Unity3D 中圆柱体的侧面是由无数小矩形逼近而得到的。建立模型时使用多棱柱逼近圆柱的方式代替圆柱,减少用来逼近的矩形的数量,大幅度提高了系统的模型渲染效率。

(2) UI 模型优化

UI 面板经常需要生成多个完全相同的对象,如数据列表中的每一行都是相同的。这些对象没有被使用时依然占据着存储空间,被实时计算。——创建不仅浪费大量时间,也浪费大量系统资源。只需将这些对象赋予预制件(prefab),然后移除对象。在需要使用该对象的时候实例化预制件就可以达到与之前同样的使用效果,不使用时可以快速销毁对象,节省大量资源。在设计系统的 UI 及相关操作时,应考虑无用的 UI 窗口及时关闭,在创建 UI 时使用的实例化预制件对象及时使用 Destory 方法销毁。

8.6.2　场景优化

在 Untiy3D 中,三维场景的每一部分都被存储在特别的缓存空间中,当使用这个部分时,CPU 将对象和渲染指令传递给 GPU,这个过程称为描绘指令(Draw Call)。每一个部分的渲染都需要进行一次 Draw Call,Draw Call 的次数越低,系统越流畅,Draw Call 的次数是衡量系统优化程度的重要标准。如果是基于网络的系统,对系统内的每一个部分都进行绘制,Draw Call 的值会升高,则会消耗很多带宽。在进行场景渲染时,离摄像机远的对象先被绘制,离摄像机近的对象后被绘制,这就造成了用户屏幕很多部分是重复渲染后的结果。

对场景进行优化主要是降低 Draw Call 的次数。对场景进行有效优化的方法主要是将场景内的不可见对象不进行渲染,即剔除技术(Culling)。Unity3D 主要提供了两种剔除技术:

(1) 视锥体剔除技术(Frustum Culling)。以摄像机为顶点,在三维空间内分别沿着从摄像机经虚拟屏幕四个角点的方向,长度相同,构建锥体。在锥体范围内的都是用户视野范围内的场景。视锥剔除技术就是对视锥体范围外的模型不进行渲染,以此减少图形绘制。视锥体范围内的对象会被全部绘制,包括叠加部分。

(2) 遮罩剔除技术(Occlusion Culling)[41]。由于模型被其他模型遮挡,而不在相机的可视范围内,则不会进行渲染。而视锥体剔除技术不会剔除视锥体范围内被遮挡的模型。遮罩剔除技术仅限 Unity3D 专业版平台使用。系统可以同时使用两种剔除技术。遮罩剔除技术需要用户进行设置,将场景内模型划分为单元格,剔除的时候以单元格进行计算。合适地处理物体的大小和单元格的大小的相对关系会产生良好的剔除效果。图 8-21 为在 Unity3D 平台上打开 Occlusion Culling 面板后设置视图单元格的大小,单元格越小越精确,这里系统设置了视图单元格大小为 8。图 8-22 为设置大小后的模型分块结果。

图 8-21　设置最小遮挡物

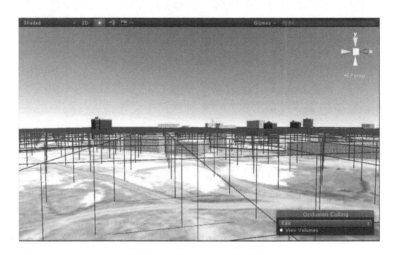

图 8-22　设置遮罩剔除结果

9 阜新市老工业基地历史建筑 3DGIS 管理平台搭建

9.1 需求分析

本书的主要研究内容为历史建筑的 GIS 系统,GIS 属于决策系统,并具有信息系统的各种特点。历史建筑属于不可移动的文物,其空间特征正是 GIS 技术的优势。

9.1.1 系统业务范围

本系统的业务范围有三点:

① 满足建筑保护管理部门的建筑信息管理需要。

② 为上级有关部门提供历史建筑保护的决策信息支持。

③ 为其他有关部门提供历史建筑的建筑保护信息数据。

而本系统所要管理的建筑保护信息管理数据主要包括:

历史建筑现状信息:建筑实景三维模型、建筑信息模型(BIM 模型)、历史建筑立面图等。

历史建筑历史信息:文献资料、历史照片、历史沿革等。

历史建筑地理信息:地形图、照片影像、工程地质图等。

历史建筑工程信息:历史留存工程图纸、文书、报告及历史建筑修复工程相关资料等。

阜新市老工业基地历史建筑管理平台主要是用于展示高精度纹理历史建筑模型的可视化平台,服务于政府规划建设部门,将阜新市具有历史气息的建筑清晰地展示在三维场景中,实现在可视化的场景中对历史建筑进行虚拟浏览、精确测量、信息录入、信息查询等,不仅可以更高效地对历史建筑附属信息进行管理,为城市建设提供历史建筑位置信息,还有利于历史文化的传播和展示。

9.1.2 系统功能需求

对于历史建筑来讲,建筑周期的开始不是简单地从零开始,建立历史建筑管理平台不仅应用于历史建筑的管理保护,还应该为建立历史建筑保护区提供决策支持,传统的可视化并不能胜任。因此历史建筑管理平台需要更加多样的功能。

本次所需要的功能需求如下:

① 三维显示:展示纹理精细化后的实景三维模型、BIM 模型以及各类图形信息数据。

② 历史建筑资料的浏览与查询:给出历史建筑列表,并可以任意调取历史建筑的相关详细资料进行浏览。

③ 按条件查询统计:按照对应的条件(如名称、年代、区域、保护级别等)进行查询并给

出查询统计结果。

④ 数据管理功能：对数据库中的图片、影像等数据的管理维护功能。

⑤ 地理分析功能：通过对三维地理数据进行处理来获取支撑决策的信息，如缓冲区分析、可视域分析等。

9.2 系统总体设计

9.2.1 系统架构设计

构建基于多源数据融合 BIM 模型的阜新市老工业基地 GIS 平台，不仅方便有关部门使用该平台对阜新市的历史建筑进行三维浏览、查询、管理等，为保护历史建筑提供决策支持，还有利于社会各界人士利用该平台领略阜新市历史建筑之美，了解阜新市的历史文化。该平台服务于城市的浏览宣传和城市规划领域，提升了历史建筑管理的信息化水平。

本系统设计是在 Windows10 操作系统下进行的，遵循 C\S 架构开发过程中的标准规则，系统在逻辑上分为应用层、数据层、平台支撑层及设施层（图 9-1）。

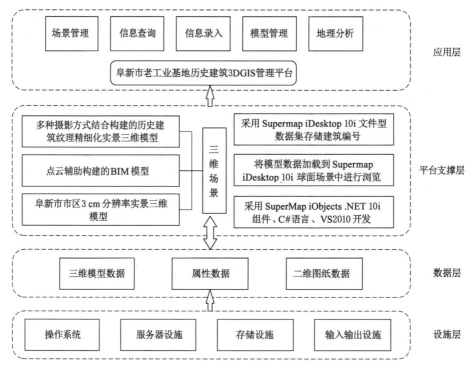

图 9-1 阜新市老工业基地历史建筑 3DGIS 管理平台架构设计

9.2.2 功能模块设计

阜新市老工业基地历史建筑管理平台功能是根据需求进行设计的，主要有场景管理、信息查询、信息录入、地理分析及模型管理。其功能设计如图 9-2 所示，主界面如图 9-3 所示。

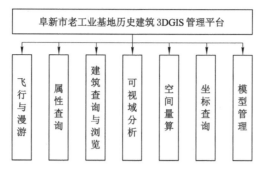

图 9-2　阜新市老工业基地历史建筑 3DGIS 管理平台功能设计

图 9-3　阜新市老工业基地历史建筑 3DGIS 管理平台主界面

9.2.3　数据库设计

　　数据库的建设一般遵循标准化及规范化原则、安全性原则、可扩展性原则等原则,设计数据时要严格按照标准和行业规范进行,例如建立的数据库名称、表名称、字段名称等的创建。对于涉及保密性质的数据,需要加密处理。设计中需要考虑后续数据的添加和拓展,建立的数据库需要合适的可扩展性。

　　对于历史建筑管理的要求,就是要快速高效地调取建筑物的各项信息。以建筑物的各种数据作为基本数据,按照标准和规范整理入库,以此建立历史建筑的地理信息系统数据库。阜新市历史建筑的数据库构成如图 9-4 所示。其中数据库中属性数据的来源主要为阜新市住房和城乡建设局提供及实地的外业勘探所得,二维的图纸数据中立面图为模型量测结合实地量测进行绘制,历史留存图纸由相关部门提供。

　　其中,历史建筑基础属性数据包括建筑详细地址、建筑年代、建筑类别等;文化属性包括核心保护因素、现状信息、建筑价值特色描述等;结构属性包括建筑材质、墙体厚度、窗体形状等。历史建筑反映了某地区某时期的历史文化风貌,因此数据库的设计需要将建筑物的信息都包含进去。表 9-1 为历史建筑的部分属性表。

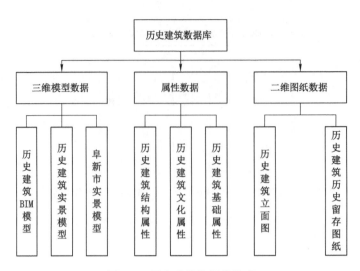

图 9-4　历史建筑数据库构成

表 9-1　建筑物部分属性表

序号	名称	代码	类型	长度	值域
1	建筑标识码	JZBSM	nvarchar	90	非空
2	建筑编号	JZBH	nvarchar	90	非空
3	建筑名称	JZMC	nvarchar	90	非空
4	建筑地址	JZDZ	Text	100	非空
5	建筑坐标	JZZZ	nvarchar	90	非空
6	建筑年代	JZND	nvarchar	90	非空
7	建筑类别	JZLB	nvarchar	90	非空
8	建筑价值	JZJZ	Text	100	非空
9	现状功能	XZGN	Text	100	非空
10	结构类型	JGLX	nvarchar	90	非空
11	建筑面积	JZMJ	nvarchar	90	非空
12	建筑主要立面图	JZZYLM	image		非空
13	建筑次要立面图	JZCYLM	image		非空
14	建筑右侧立面图	JZYCLM	image		非空
15	建筑左侧立面图	JZZCLM	image		非空
16	建筑俯视图	JZFST	image		非空
17	建筑区域码	JZQYDM	nvarchar	90	非空

9.3　系统功能模块详细设计

9.3.1　场景模块

场景模块是本系统的基础功能模块(图9-5)。地图场景模块分为四个部分：① 对三维场景的打开、保存、关闭等基础操作；② 对三维场景中历史建筑的点选查询；③ 对三维场景浏览的基础操作，如飞行与漫游、刷新、选择、显示帧率等；④ 对三维场景中实景三维模型的量测功能，如量测空间距离、量测高度等功能。

图 9-5　场景模块

（1）点选查询

点选查询模块的实现原理是对当前场景中需要查询的建筑进行标签单体化，对标签及数据库数据赋予相同的字段值来链接数据库对应数据，获取到的数据通过文本框的对应关系生成气泡，展示建筑物的地址、年代等基础信息。具体实现如图9-6所示。

图 9-6　基础信息查询实现

（2）三维场景基础操作

三维场景基础操作功能主要实现对三维场景的浏览功能，其中飞行与漫游功能主要是使用户浏览建筑时得到一个流畅的体验，其原理是通过节点到节点的视角平移实现飞行，用户可以利用鼠标交互添加飞行节点和设置飞行操作，实现建筑的环绕浏览、建筑到建筑的自定义路径飞行浏览、全局俯视浏览等多种浏览方式(图9-7)。

（3）三维量测功能

由于实景模型的精度越来越高，模型量测精度也随之提高。三维量测功能可以使复杂建筑物的测量工作更加方便快捷，降低了外业测量时所需的人力和物力。该功能主要依

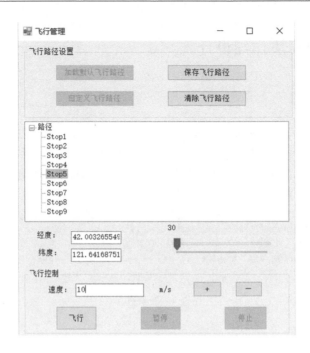

图 9-7 飞行管理界面

据实景三维模型的测量,目前精度仅达到厘米级,但是能够满足大部分工程的测量需求,节省大量人力和物力(图 9-8)。

图 9-8 水平距离量测

9.3.2 查询信息模块

本模块主要原理是通过访问数据库中的数据来实现,根据数据内容的不同分为两个部分:一部分是条件查询(图 9-9),分为三种情况,即按地区查询、按关键字查询、按年代查询,该方式的原理是遍历数据库中某一相同字段下的所有值,找到和输入值相同值之后输出该条建筑物的属性信息。按地区查询一般将区域分为海州区、

图 9-9 条件查询

细河区、新邱区。

另外一部分是其他数据查询(图 9-10),主要是图纸数据及其他历史留存数据的查询,一般包括建筑的四个立面图和俯视图,还有一些历史留存下来的有关该建筑物的文物图像、图纸照片等数据。

图 9-10   其他数据查询

9.3.3   录入信息模块

录入信息模块的主要功能是方便信息录入(图 9-11)。其原理是通过与数据库的链接访问将数据库录入对应的表中,本模块主要分为批量录入、录入照片、录入基础信息、点选录入四个部分。

图 9-11   录入信息模块

批量录入是将数据按照一定的格式先统计到 Excel 表格中,在批量录入中选择做好的表格,就可以将表格中的所有数据录入数据库。录入照片及基础信息均通过直接选择对应的文件而将数据录入专门的数据库表,而点选录入是通过鼠标交互相应建筑,弹出属性录入对话框,手动将相应信息录入数据库(图 9-12、图 9-13)。

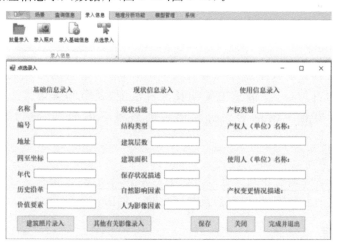

图 9-12   点选录入

9.3.4   地理分析

本书的地理分析功能为领导提供决策支持,而在三维场景中进行分析,可视化方面的效

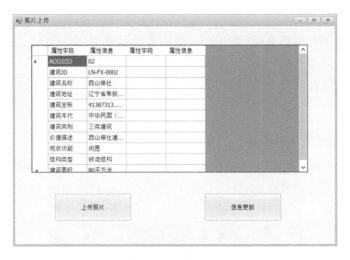

图 9-13　照片录入

果更加显著。地理分析功能分为可视域分析、缓冲区分析、剖面线分析、切割面分析、三维路径分析(图 9-14)。

图 9-14　地理分析功能

（1）可视域分析

可视域分析是对给定观察点可视覆盖区域的分析,本系统的可视域分析是以获取监控点的可视信息为目的,这些信息主要涉及可视范围、视距和视域大小等。在历史建筑中,可应用在对历史建筑的风景评价和监控的放置等方面,具有计算结果直观等优点(图 9-15)。

（2）剖面线分析

剖面线分析是研究地物在某一直线方向上的垂直剖面图,在实景三维模型中绘制,显示剖面线上建筑物的剖面轮廓,可以直观反映历史建筑剖面状态(图 9-16)。

9.3.5　模型管理

模型管理功能是对历史建筑实景三维模型及 BIM 模型的管理,同时展示实景三维模型及 BIM 模型一般会出现的显示不全的状况,因此需要对模型进行管理,以选择是否显示相应的模型(图 9-17)。BIM 模型中的构件也包含建筑物的尺寸、几何等信息. 在 BIM 模型管理中加入 BIM 构件的查询功能,BIM 模型的构件查询功能本质上是查询 BIM 模型的属性表中的数据(图 9-18)。

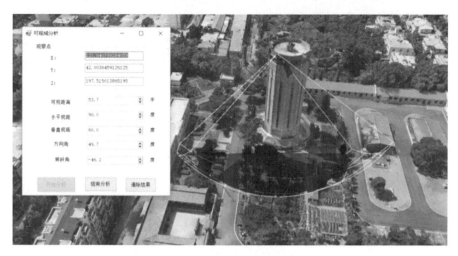

图 9-15 可视域分析功能

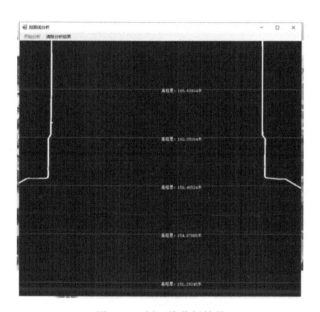

图 9-16 剖面线分析结果

图 9-17 模型管理模块

点云数据、原始数据的管理主要是本地的管理,通过访问本地的点云数据存放位置,将各类数据分类存储到相应的文件夹中。

序号	ElementID	CategoryID	CategoryName	TypeID	TypeName	ElementName	UniqueID	DocumentTitle	GroupId
2	333.787	-2000032	楼板	1.239	常规 - 300mm	常规 - 300mm	2103d9d4-dee...	项目 1	-1
3	305.331	-2000032	楼板	1.242	现场浇注混凝...	现场浇注混凝...	09515d90-d7c...	项目 1	-1
4	292.918	-2000032	楼板	1.238	常规 - 150mm	常规 - 150mm	b4d6fe34-9f45...	项目 1	-1
5	292.743	-2000032	楼板	1.238	常规 - 150mm	常规 - 150mm	b4d6fe34-9f45...	项目 1	-1
6	292.578	-2000032	楼板	1.238	常规 - 150mm	常规 - 150mm	b4d6fe34-9f45...	项目 1	-1
7	292.401	-2000032	楼板	1.238	常规 - 150mm	常规 - 150mm	b4d6fe34-9f45...	项目 1	-1
8	292.182	-2000032	楼板	1.238	常规 - 150mm	常规 - 150mm	b4d6fe34-9f45...	项目 1	-1
9	292.007	-2000032	楼板	1.238	常规 - 150mm	常规 - 150mm	b4d6fe34-9f45...	项目 1	-1
10	291.837	-2000032	楼板	1.238	常规 - 150mm	常规 - 150mm	b4d6fe34-9f45...	项目 1	-1
11	291.579	-2000032	楼板	1.238	常规 - 150mm	常规 - 150mm	b4d6fe34-9f45...	项目 1	-1
12	291.368	-2000032	楼板	1.238	常规 - 150mm	常规 - 150mm	b4d6fe34-9f45...	项目 1	-1
13	291.146	-2000032	楼板	1.238	常规 - 150mm	常规 - 150mm	b4d6fe34-9f45...	项目 1	-1
14	281.842	-2000032	楼板	1.238	常规 - 150mm	常规 - 150mm	2fc1983c-fb6c-...	项目 1	-1
15	281.765	-2000032	楼板	1.238	常规 - 150mm	常规 - 150mm	2fc1983c-fb6c-...	项目 1	-1
16	281.702	-2000032	楼板	1.238	常规 - 150mm	常规 - 150mm	2fc1983c-fb6c-...	项目 1	-1
17	281.621	-2000032	楼板	1.238	常规 - 150mm	常规 - 150mm	2fc1983c-fb6c-...	项目 1	-1
18	281.459	-2000032	楼板	1.238	常规 - 150mm	常规 - 150mm	2fc1983c-fb6c-...	项目 1	-1
19	281.425	-2000032	楼板	1.238	常规 - 150mm	常规 - 150mm	2fc1983c-fb6c-...	项目 1	-1
20	281.386	-2000032	楼板	1.238	常规 - 150mm	常规 - 150mm	2fc1983c-fb6c-...	项目 1	-1
21	281.307	-2000032	楼板	1.238	常规 - 150mm	常规 - 150mm	2fc1983c-fb6c-...	项目 1	-1
22	281.211	-2000032	楼板	1.238	常规 - 150mm	常规 - 150mm	2fc1983c-fb6c-...	项目 1	-1
23	280.978	-2000032	楼板	1.238	常规 - 150mm	常规 - 150mm	2fc1983c-fb6c-...	项目 1	-1
24	280.803	-2000032	楼板	1.238	常规 - 150mm	常规 - 150mm	2fc1983c-fb6c-...	项目 1	-1
25	232.684	-2000032	楼板	1.244	混凝土 - 表层 3	混凝土 - 表层 3	0bb48d70-37e...	项目 1	1

图 9-18　BIM 模型构件属性表信息

9.4　系统主要功能展示

9.4.1　条件查询功能

条件查询的原理是将历史建筑模型进行标签单体化,每个标签根据覆盖的建筑物赋予 ID,对数据库中的对应数据赋予相同的 ID,利用鼠标交互场景中的建筑物访问到标签 ID,从而链接到数据库中的数据并显示到窗体中。其原理如图 9-19 所示。

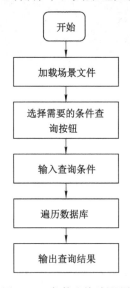

图 9-19　条件查询流程图

（1）按建筑物名称查询

按建筑物进行属性信息查询的对象主要为建筑名称,通过遍历数据库中的名称找到与输入名称相同的项并保留下来,其他不同的项不显示。具体功能如图9-20所示。

图 9-20　按建筑物名称查询

（2）按地区查询

历史建筑物本身反映的是一个地区某时期的文化风貌,按地区查询是指可以查询某地区的所有历史建筑物,并可以通过鼠标交互来选择建筑物并显示其属性,具体功能如图9-21和图9-22所示。

9.4.2　BIM模型可视化及建筑物构件查询浏览

（1）建筑物模型可视化

BIM模型提供建筑物结构的可视化(图9-23、图9-24),纹理精细化的三维实景模型提供建筑物表面纹理的精细可视化,两者结合就组成了建筑物所有信息的可视化。通过对BIM模型中各类构件的模型及属性信息的查看,详细了解建筑物内外建筑结构的位置、几何、属性等信息。为建筑物修复分析提供详细的各类属性信息支持。

（2）模型构件查询

BIM模型的构件信息主要包括属性信息、关联信息、管理信息等,通过对BIM模型结构的查询,可以快速、准确获取建筑物各类构件的相关属性信息和其他信息。查询流程如图9-25所示,以西山水塔内部楼梯为例查询,如图9-26所示。

图 9-21　按地区查询

图 9-22　查询结果显示

图 9-23　BIM 可视化

图 9-24　内部结构展示

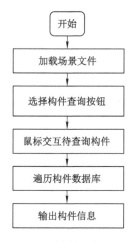

图 9-25　构件查询流程

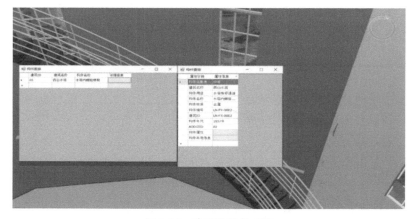

图 9-26　建筑物构件查询

10　结论与展望

10.1　结论

本书将三维建模技术、数据库技术、Revit 三维仿真技术、SDX＋空间数据引擎技术、实景模型和 BIM 融合等技术与 3DGIS 相结合,实现了基于实景模型和 BIM 融合的二、三维一体化的 3DGIS 平台构建。本书的研究成果如下:

(1) 研究实景模型和 BIM 的融合技术。通过对三维模型、坐标系统、属性方面的深入研究,使实景模型和 BIM 融合,并应用于组织管理和空间分析,拓展了 GIS 的应用领域。

(2) 提高管网模型生产与应用效率。利用 SuperMap GIS 与 3ds Max 配合,运用 CSG 与 B-Rep 方法基于真实尺寸在 3ds Max 中构建管件模型;导入 SuperMap GIS 平台后,设计自适应管网可视化参数机制,通过 Marker Symbol ID 和 Line Symbol ID 字段设置获取,最终实现精细符号化地下三维管网模型构建。通过管网高效率三维重建,可提高管网数据更新速度与数据制作成本,提高数据重复利用率,为后期管网管理提高维护工作效率。

(3) 实现管网二、三维地上地下一体化。利用倾斜摄影、三维建模技术,建立了地上地下三维可视化全景,解决了当前管理模式地上地下关联不足的问题。同时通过研究管网模型三维建模机制,利用字段更新完成了二维至三维快速转化精细化建模,实现数据自动化精细建模。使数据分析不再局限于平面视角,增强管理、分析可视性,丰富的二、三维地上地下一体化模型为 GIS 强大空间分析能力打下了数据基础。

(4) 通过对 SuperMap 的二次开发,构建了一个基于实景模型和 BIM 融合的二、三维一体化的 3DGIS 平台。以三维 GIS 为主,二维 GIS 为辅,进行多种空间分析,实现二维和三维在数据存储、管理和应用分析上的一体化,充分发挥了城市数字模拟平台的优势,有利于满足城市各部门的规划管理和辅助决策等应用需求。

10.2　展望

随着日益加快的城市现代化进程,促进了多源的数据融合二、三维数据一体化,科学高效的管理与分析的发展,因此,对三维数字城市建设提出更高的标准,建议从以下三个方面进行补充与完善:

(1) 综合考虑场景、建筑物及内部结构一体化,将三维实景模型与包含建筑物内部结构等细节的 BIM 模型融合,存在问题是 BIM 与 GIS 跨平台的数据融合仍处于实验阶段,BIM 模型导入 SuperMap 平台会丢失部分纹理和属性信息,给三维分析与查询带来困难,未来期望通过不断优化空间转换算法实现更好的融合。

（2）由于阜新市 3DGIS 平台是通过大量的多源地理信息数据组成的，在进行球面场景可视化时占用了大量内存和 CPU，导致实时漫游和交互操作缓慢，甚至卡顿，因此需要生产更为有效的三维实景模型，减少冗余数据，增强三维显示效果，提高浏览速度。

（3）本书对构建基于实景模型和 BIM 融合的城市 3DGIS 平台进行研究，但如果想实现大范围数字城市的管理与分析，二、三维一体化不仅需要提高开发水平和计算机软、硬件等设备，还需要通过多部门、多机构的共同设计与协调以及政府的协助与支持。

参 考 文 献

[1] 周波. 基于未来智慧城市愿景的城市家具设计研究[D]. 杭州：中国美术学院，2019.

[2] POLIG M. 3D GIS for building archeology-Combining old and new data in a three-dimensional information system in the case study of Lund Cathedral[J]. Studies in digital heritage，2017，1(2)：225-238.

[3] GUPTA S，SHAH C，SHAH D，et al. A grass root oriented urban planning approach to uplift the socio-economic facet of a city using 2d and 3dgis：case study on mehmedabad city，India[J]. ISPRS annals of the photogrammetry，remote sensing and spatial information sciences，2018，IV-4：73-80.

[4] NAVAS-CARRILLO D，DEL ESPINO HIDALGO B，NAVARRO-DE PABLOS F J，et al. The urban heritage characterization using 3d geographic information systems：the system of medium-sized cities in Andalusia[J]. The international archives of the photogrammetry，remote sensing and spatial information sciences，2018，XLII-4/W10：127-134.

[5] LAKSONO D，ADITYA T，RIYADI G. Interactive 3d city visualization from structure motion data using game engine[J]. The international archives of the photogrammetry，remote sensing and spatial information sciences，2019，XLII-4/W16：737-740.

[6] MACATULAD E G，BLANCO A C. A 3DGIS multi-agent geo-simulation model for assessment of building evacuation scenarios considering urgency and knowledge of exits[J]. International journal of urban sciences，2019，23(3)：318-334.

[7] TANG H，GE S Q，LIU JB，et al. Research on algorithm of 2D and 3D interactive virtual city system[J]. MATEC web of conferences，2018，232：02013.

[8] CHEN W J，SU H B，YONGY，et al. Decision support system for urban major hazard installations management based on 3DGIS[J]. Physics and chemistry of the earth，2019，110：203-210.

[9] MA R，YI C Z，ZHANG L，et al. Design of and Research on underground pipeline system in campus based on 3DGIS[J]. E3S Web of Conferences，2020，165：03004.

[10] BREUNIG M，BORRMANN A，RANK E，et al. Collaborative multi-scale 3d city and infrastructure modeling and simulation[J]. The international archives of the photogrammetry，remote sensing and spatial information sciences，2017，xlii-4/w4：341-352.

[11] LEE P C，WANG Y H，LO TP，et al. An integrated system framework of building information modelling and geographical information system for utility tunnel mainte-

nance management[J]. Tunnelling and underground space technology,2018,79：263-273.

[12] VACCA G,QUAQUERO E,PILI D,et al. Integrating BIM and GIS data to support the management of large building stocks[J]. The international archives of the photogrammetry,remote sensing and spatial information sciences,2018,XLII-4：647-653.

[13] CHENAUX A,MURPHY M,PAVIA S,et al. A review of 3d GIS for use in creating virtual historic Dublin[J]. The international archives of the photogrammetry,remote sensing and spatial information sciences,2019,XLII-2/W9：249-254.

[14] TRISYANTI S W,SUWARDHI D,MURTIYOSO A,et al. Low cost web-application for management of 3d digital building and complex based on BIM and GIS[J]. Theinternational archives of the photogrammetry,remote sensing and spatial information sciences,2019,XLII-2/W17：371-375.

[15] 郭瑞阳. BIM 模型和 3D GIS 的融合技术研究及其实现[D]. 西安：西安科技大学,2018.

[16] 刘万斌.基于 BIM 和 GIS 的三维建筑信息管理系统研究[D].郑州：华北水利水电大学,2019.

[17] LIU C K,ZHANG L,MAR,et al. Research on conversion and integration framework from BIM data to 3DGIS scene[J]. Journal of physics：conference series,2021,1756(1)：012004.

[18] 曲林,张淑娟,冯洋,等.倾斜摄影测量高中低空解决方案研究[J].测绘与空间地理信息,2016,39(1)：19-20.

[19] 李祎峰,宫晋平,杨新海,等.机载倾斜摄影数据在三维建模及单斜片测量中的应用[J].遥感信息,2013,28(3)：102-106.

[20] 张慧莹,董春来,王继刚,孙思佳,王鸿远,王欢欢.基于 Context Capture 的无人机倾斜摄影三维建模实践与分析[J].测绘通报,2019(增 1)：266-269.

[21] 李德仁,肖雄武,郭丙轩,等.倾斜影像自动空三及其在城市真三维模型重建中的应用[J].武汉大学学报(信息科学版),2016,41(6)：711-721.

[22] 陈延敏,李锦华.国内外建筑信息模型 BIM 理论与实践研究综述[J].城市,2013(10)：72-76.

[23] EASTMAN C,TEICHOLZ P,SACKSR,et al. BIM handbook：a guide to building information modeling for owners, managers, designers, engineers and contractors[M]. Hoboken：John Wiley & Sons, Inc.,2018.

[24] 肖保存.基于 BIM 技术的住宅工业化应用研究[D].青岛：青岛理工大学,2015.

[25] 熊帅.基于 BIM 平台的大跨度空间钢结构健康监测系统集成方法研究[D].广州：华南理工大学,2019.

[26] 姜韶华,吴峥.BIM 空间关系数据的云存储与检索方法研究[J].图学学报,2018,39(5)：835-842.

[27] 周亮,蔡钧,丁一波,等.基于 IFC 的输变电工程三维数字化管理平台[C]//国网上海市电力公司经济技术研究院.输变电工程技术成果汇编——国网上海经研院青年科技论

文成果集.上海:上海浦江教育出版社有限公司,2017:4.

[28] 马筠强.基于 BIM 的施工现场布置优化研究[D].哈尔滨:哈尔滨工业大学,2016.

[29] 施平望,林良帆,邓雪原.基于 IFC 标准的建筑构件表达与管理方法研究[J].图学学报,2016,37(2):249-256.

[30] 王方雄,崔羽.基于 GIS 的管网爆管分析算法优化与实现[J].武汉理工大学学报(交通科学与工程版),2012,36(3):575-578.

[31] 雷伟刚.城市地下管网信息系统中管网追踪算法[J].同济大学学报(自然科学版),2003,31(1):99-103.

[32] 范攀峰,李露露.基于 Smart3D 的低空无人机倾斜摄影实景三维建模研究[J].测绘通报,2017(增 2):77-81.

[33] 刘凤珠,杨伯钢,张飞舟,等.低空无人机影像应急快速可视化方法[J].测绘科学,2018,43(7):94-102,108.

[34] 张祖勋,吴军,张剑清.建筑物场景三维重建中影像方位元素的获取方法[J].武汉大学学报,2003,28(3):265-271.

[35] 周智勇.基于 VirtuoZo 的快速三维建模方法探讨[J].城市勘测,2012(3):70-72.

[36] 任东风,杨帆,潘红汐.基于 Smart3D 的辽工大北校区三维实景建模研究[J].测绘与空间地理信息,2019,42(2):16-18.

[37] 任诚,高利敏,冯耀楼,等.基于无人机倾斜摄影的建筑物三维建模尝试[J].测绘通报,2019(2):161-164.

[38] 庞晓峰.基于 SuperMap 的西咸新区城市规划管理信息系统的研发[D].西安:西安科技大学,2018.

[39] 龙宏伟,李碧.常见的几种 GIS 软件功能及特点比较[C]//.全国测绘科技信息网中南分网第二十四次学术信息交流会论文集.南宁:[出版者不详],2010:5.

[40] 梁建.县级供电企业电力 GIS 平台研究[D].西安:西安工业大学,2010.

[41] 李昂.基于 SuperMap GIS 的电力巡检系统的设计[D].兰州:西北师范大学,2013.

[42] 蔺虎.基于 GIS 技术的分布式融雪模型及融雪径流预报系统的设计与应用[D].乌鲁木齐:新疆大学,2013.

[43] 于明洋,张子民,史同广.基于 Supermap 的中国传统村镇 WEBGIS 管理平台构建研究[J].安徽农业科学,2011,39(7):4249-4251.

[44] 于洋.基于 GIS 技术的东北林业大学校园信息服务系统的研建[D].哈尔滨:东北林业大学,2009.

[45] 张欣.省级农村土地调查数据建库管理方法研究与实践[J].测绘与空间地理信息,2013,36(增 1):162-166.

[46] 李耕赜.基于 GIS 的抽水蓄能电厂运营分析系统研究与开发[D].北京:华北电力大学,2015.

[47] 王潜.大连市三维辅助建筑规划决策系统设计与实现[D].大连:大连理工大学,2016.

[48] 李伟.某部营区综合配套整治项目进度风险分析与控制[D].长沙:国防科技大学,2018.

[49] 张辉,裴莲莲,郑国江.三维辅助决策平台功能设计及数据建设研究[J].北京测绘,

2014(3):39-42.

[50] 唐继荣.GIS 在面向成品粮的物流信息系统的应用研究[D].北京:北京邮电大学,2015.